OFFENE ENDEN

NEUE SOZIALE FORMEN IM KIRCHLICHEN KONTEXT

Evangelische Kirche in Mitteldeutschland (EKM)

Herausgeber: Jürgen Willinghöfer

EVANGELISCHE KIRCHE IN MITTELDEUTSCHLAND

WÜSTENROT STIFTUNG

jovis

INHALT

INTRO

PROJEKTE | PRAXIS UND ERFAHRUNG

mit Graphic Novels von Andree Volkmann

BAULICHE TRANSFORMATIONEN

ANALYSE | THEORIE UND DEUTUNG

mit Fotos von Matthias Hamann

THEOLOGISCHE TRANSFORMATIONEN

OUTRO

INTRO

Kirche offen
8 - 18 Uhr

VORWORT

Landesbischof Friedrich Kramer

„Die Evangelische Kirche in Mitteldeutschland ist steinreich." Das hat sich herumgesprochen: Weniger als 4 Prozent aller evangelischen Gläubigen in Deutschland gehören zur mitteldeutschen Kirche, aber 20 Prozent aller Kirchengebäude stehen hier – und das sind knapp 4000 Kirchen und Kapellen. Unsere Sakralbauten stellen einen unglaublichen bauhistorischen und kulturellen Schatz dar. Sie sind in den letzten 30 Jahren mit viel Kraft, Engagement und finanzieller Unterstützung gepflegt und häufig vor dem endgültigen Verfall gerettet worden. Gott sei Dank!

Aber wie wird es weitergehen? Welche Konzepte und Ideen gibt es, diesen wundervollen Schatz zu bewahren und zu nutzen angesichts weiter sinkender Gemeindegliederzahlen und geringerer Mittel? Das ist für die Kirchengemeinden und Kirchenkreise eine immer größere Herausforderung.

Der Umgang mit Kirchengebäuden wandelt sich gegenwärtig dynamisch – einer von vielen Aspekten einer veränderten gesellschaftlichen Stellung der Kirche als Institution. Kirche und Glaube sind bei uns im Osten schon lange nicht mehr selbstverständlich. Aber Kirchengebäude gehören fest zum Heimatbegriff auch von Menschen, die nicht glauben. Deshalb hat das Thema eine starke öffentliche Relevanz. Wir beginnen, über den Umgang mit Sakralgebäuden als gesamtgesellschaftliche Aufgabe nachzudenken, und unser Interesse gilt kooperativen Konzepten, die eine kirchliche wie auch zusätzliche Nutzungen möglich machen.

Für die Modellprojekte „500 Kirchen – 500 Ideen" habe ich 2020 gern die Schirmherrschaft übernommen. Mich begeistern die Kreativität und Ideenvielfalt und das Zusammenhalten vor Ort trotz mancher Durststrecken. Das zeigt mir, dass Kirchen besondere, heilige, durchbetete Orte sind, die in die Mitte unserer Dörfer und Städte gehören und deren unverwechselbare Seele sind. Wenn sie von dort zu verschwinden drohen, regt sich Widerstand auch im säkularen Umfeld. Denn die Kirche muss im Dorf bleiben, daran besteht für viele kein Zweifel.

Die Zukunft unserer Kirchengebäude ist offen und wir Christen wissen sie in Gottes Hand. Das lässt uns fröhlich und neugierig nach Wegen suchen, die unseren Kirchen Zukunft versprechen, und nach Menschen Ausschau halten, die das mit uns gemeinsam gestalten wollen.

Ich danke allen, die seit über 10 Jahren mit Fantasie und großartigen Ideen das Ihre geben, dass dieses Projekt gelingen konnte und Ausstrahlung gewonnen hat. Ihnen, die Sie dieses Buch nun in den Händen halten, wünsche ich eine inspirierende und nachhaltig anregende Lektüre.

EINLEITUNG

Die beiden großen Volkskirchen befinden sich in einem in 1500 Jahren nie gekannten Auflösungsprozess. Dabei wirkt keine Kraft von außen ein. Die Gläubigen treten aus freien Stücken aus. So wird über das mögliche Ende des größten kulturellen Flächenverbandes mit Füßen abgestimmt. Wir befinden uns inmitten einer Entwicklung mit offenem Ausgang.

Erstaunlicherweise gibt es hartnäckige Residuen. Es gibt Menschen in und vor allem auch außerhalb der Gemeinden, die sich für den Erhalt der Kirchen, der Orgeln, der Institutionen einsetzen. Sie haben vielfältige Motivationen und eigenwillige Ideen, dies zu tun. Häufig entstehen in diesen neuen Konstellationen aus einer gemeinsamen Zielsetzung heraus fluide Rituale zwischen spirituellem und profanem Handeln.

Seit 2016 ist in Thüringen ein kreativer Prozess zu beobachten, der mit kluger Hand von der Evangelischen Kirche in Mitteldeutschland (EKM) und der Internationalen Bauausstellung (IBA) angestoßen wurde. Erst wurden Ideen gesammelt (Buch 1), dann Modellprojekte gepflegt (Buch 2). Hieraus sind beobachtbare soziale Formen und Institutionen entstanden, die wir jetzt beschreiben können (Buch 3). Die List des Schicksals oder die Ironie des Lebens zeigen, dass diese lebendigen Formen von Kirche (als Raum) viel mit dem eigentlichen religiösen Kern des Glaubens zu tun haben (könnten).

In der Sattelzeit, in der wir aktuell leben, wissen wir nicht, wohin sich die Geschichte wenden wird. Es scheint der klügere Weg, die Ambivalenz auszuhalten und als normativen Rahmen zu setzen, anstatt zu behaupten, den Ausweg aus der Krise entweder gefunden zu haben oder aber die Krise verbal zu besiegeln, indem die Aufgabe von Kirchgebäuden postuliert wird. Nein, der Ausgang ist – trotz aller Hiobsbotschaften – noch offen und das Spiel noch lange nicht vorbei. Klug ist es, weiterzumachen, gute Ideen zu fördern, die Menschen, die sich engagieren, zu stärken, kleine Einfälle auf dieselbe Art zu schätzen wie große Maßnahmen und die Freude am Machen zu teilen. Bei den hier vorgestellten Projekten, die allesamt Modellprojekte sind, wurde deutlich, dass sich im gemeinsamen Machen Menschen begegnen, die sonst nicht kooperieren würden, und Themen offener diskutiert werden als üblich: Fürsorge, Gastlichkeit, Verantwortung, Spiritualität, Naturschutz.

Möglicherweise, und das ist die Arbeitshypothese dieses Buches, finden sich der „abgeschaffte" Glaube, neue Gemeinschaften und christliche Prinzipien über Umwege in diesen zentralen Gebäuden der Städte und Dörfer auf neue Weise wieder zusammen, und die Erosion bezieht sich auf die institutionelle Verfasstheit, nicht so sehr auf die gelebte Praxis.

Nehmen wir beispielsweise die Her(r)bergskirche am Rennsteig. Sie ist für die Übernachtungsgäste eine Kirche auf Zeit, ergänzt durch die digitale Plattform, über die sich Gäste anmelden und ihre Erfahrungen einander rückmelden können. Entstehen so digitale Pilgerhostels? Entsteht so eine neue Art von Gemeinde aus einer Überlagerung von analoger und digitaler Gemeinschaft? Und wie verhält sich die (profane) Spiritualität zur (religiösen) Frömmigkeit in den umgenutzten Kirchen? Wie interagieren die Gäste einer Her(r)bergskirche, die ihre Daseinsweitung im Schlafen und Erwachen im Kirchenraum erleben, mit denjenigen, die dort beten? Welches Zusammen entsteht beim Wäschewaschen? Darf man das auch Gemeinde nennen? Ist das ein neuer Typus Kirche, der nichts mehr mit Mitgliedschaft, sondern mit Beteiligung auf Zeit zu tun hat?

Mit diesem dritten Band, „Offene Enden", wollen wir nach den Gemeinschaftsformen fragen, die sich aus den neuen (hybriden) Nutzungen für sakrale Bauten ergeben, die bisher exklusiv religiös bespielt worden sind. Das Buch versteht sich nicht als Vorstellung und Beschreibung des Projekts – diese Aufgabe übernehmen Band 1 und 2. In diesem dritten Band wollen wir gemeinsam mit wichtigen Protagonisten der Projekte über den Weg, den Stand und die künftigen Möglichkeiten von Kirche sprechen. Zugleich werden die Projekte aus unterschiedlichen Blickwinkeln nochmals reflektiert. In zwei Text-Bild-Strecken wird der Versuch unternommen, mittels Comic und Essay die möglichen Essenzen der oft unverhofften Entwicklungen einzelner Projekte konkret zu umschreiben. Zum anderen versuchen vier Aufsätze, das Verhältnis von Glauben, Gemeinschaft, Handlung und Sinn auszuloten. Sie werden von einem eigenständigen Bildessay zugleich durchkreuzt und begleitet. So hoffen wir, ein neues Gewebe geschaffen zu haben, in dessen Struktur sich bereits Umrisse der möglichen zukünftigen sozialen Formen im kirchlichen Kontext zeigen. Denn auch in Zukunft wird Kirche in einem Netz von Institutionen verwoben sein, das stellenweise etwas dünn geworden ist, aber an vielen einzelnen Enden wieder neu geknüpft wird.

WÜSTE KIRCHE

OFFENE ENDEN

Thomas Erne

Die europäische Union verpflichtet ihre Mitgliedsstaaten, alle 10 Jahre einen Zensus durchzuführen und ihre Bevölkerung über Alter, Familienstand, Wohnung und Religionszugehörigkeit zu befragen.[1] Die Ergebnisse des letzten Zensus, der in Deutschland 2022 stattfand, liegen inzwischen vor. Blickt man auf die Zahlen der Religionszugehörigkeit, so erkennt man: In der deutschen Bevölkerung sind – zum ersten Mal, so vermute ich, seit unter Konstantin das Christentum zur Staatsreligion wurde – die Mitglieder der beiden großen christlichen Kirchen in der Minderheit, wenn auch nur knapp. 39.874.319 katholische und evangelische Mitglieder der beiden Kirchen stehen einer Mehrheit von 42.848.220 Nicht-Mitgliedern gegenüber. Auch in den Städten macht sich das bemerkbar. Deutsche Großstädte, die mehrheitlich protestantisch sind, gibt es nicht mehr. Mehrheitlich katholisch sind nur noch Münster, Bottrop, Paderborn und Trier.

MITGLIEDERSCHWUND

Die beiden großen christlichen Kirchen haben offensichtlich ein Mitglieder-Problem. Zwar hat die Dynamik sich etwas verlangsamt, doch immer noch verlassen jährlich zwischen 600.000 und 700.000 Menschen beide Kirchen. Hinzu kommt, dass mehr Mitglieder sterben als getauft werden. So beläuft sich der jährliche Gesamtverlust auf etwa eine Million Mitglieder. Lange kann das bei diesem Tempo nicht gut gehen, ohne dass die christlichen Kirchen implodieren. Noch zwei Generationen und es ist mit den christlichen Kirchen, wie wir sie in Deutschland seit dem Westfälischen Frieden als Körperschaften des öffentlichen Rechts kennen, vorbei.

Aber was genau ist dann vorbei? Was schrumpft gerade vor unser aller Augen? Was verschwindet vielleicht sogar? Die Kirche? Oder vielmehr eine bestimmte Organisation von Kirche aus vertraglich gebundenen, registrierten und Kirchensteuer zahlenden Mitgliedern, die in den Aktenbürokratien der insgesamt 20 evangelischen Landeskirchen und 27 katholischen Bistümer verwaltet werden? Die aktuell bestehende Kirche ist eine, in der etwa eine Pfarrstelle nicht nach der segensreichen Tätigkeit bewertet wird oder nach dem Zuspruch, den die Pfarrerin in der Öffentlichkeit erfährt, sondern nach der Zahl der Mitglieder, für die sie zuständig ist.

Diese Mitglieder kündigen nun aber in großer Zahl ihre Kirchenmitgliedschaft und sie kündigen damit auch dieser Form der Organisation von Kirche, die sich in erster Linie über ihre Mitglieder definiert. Sie kündigen ihre Mitgliedschaft wie sie einen Vertrag für ein Handy kündigen, das sie nicht mehr nutzen. Als sei die Kirche eine Gemeinschaft, mit der man einen Vertrag abschließt über die Nutzung der kirchlichen Kanäle zur Kommunikation mit Gott. Und man kündigt diesen Vertrag, weil man die kirchlichen Kanäle, etwa die sonntäglichen Gottesdienste, Hochzeiten, Beerdigungen und Taufen, nicht mehr nutzt und sich deshalb die monatliche Gebühr nicht mehr lohnt.

1 https://www.zensus2022.de/DE/Home/_inhalt.html (letzter Zugriff: 15.4.2025).

LEUTEÜBERSCHUSS

Ist das die einzige Form, in der es Kirche geben kann? Und was wäre eine Alternative? Maren Lehmann, eine kluge Soziologin, macht einen Vorschlag: Es könnte auch eine Kirche geben, die sich weniger auf Mitglieder konzentriert und mehr auf Leute.[2] An Mitgliedern gibt es unbestritten einen zunehmenden Mangel. Aber an Leuten, so Lehmann, da gäbe es einen Überschuss. Die Kirche muss nur lernen, sie zu sehen. Was ist damit gemeint? Ich möchte zwei Beispiele für „Mitgliedermangel" und „Leuteüberschuss" nennen, aus emotional und strukturell weit entfernten Gegenden des deutschen Protestantismus: Neustadt am Rennsteig und Tübingen.

In Neustadt am Rennsteig wurde 2017 im Rahmen der Internationalen Bauausstellung in die evangelische Michaeliskirche ein Bett eingebaut, damit Wanderer dort übernachten können. Die erste einer ganzen Reihe von Her(r)bergskirchen am Rennsteig war geboren.[3] Nach wie vor findet am Sonntag ein Gottesdienst in der Kirche statt. Aber sonst übernachten dort an fast allen möglichen Terminen Gäste – vom Frühjahr bis in den Herbst. Wer sind diese Leute? Es sind Menschen aus aller Welt, die begeistert sind von der Idee. Es sind Wanderer, die eine Unterkunft brauchen. Es sind Sinnsuchende, die sich von der Übernachtung in einer Kirche eine Erweiterung ihres Horizontes versprechen. Es sind Neugierige, die das Projekt kennenlernen wollen. Sie kommen, mitunter zum wiederholten Mal, manche von weit her. Manche sind müde von ihrer Reise, andere voller Erwartung. Sie sind bedürftig, dankbar für die Gastfreundschaft, meistens wohlwollend und aufgeschlossen. Sie kommen, um zu zahlen, für eine oder zwei Übernachtungen mit Frühstück, aber sie kommen nicht als Kirchensteuerzahler. Jedes Jahr sind es über 300 Leute, die kommen, beinahe so viele wie die Gemeinde in Neustadt Mitglieder hat. Die Seele des Projekts ist der Vorsitzende des Kirchengemeinderates Horst Brettel. Sechs Gastgeber helfen mit. Nur ein kleiner Kreis von Kirchenmitgliedern – aber jede Menge Leute. Mitgliederschwund und Leuteüberschuss.

In der Stiftskirche in Tübingen wurden im Herbst 2024 die Bänke abgeschraubt und hinter der Kirche aufgeschichtet und gelagert. Fünf Wochen lang bot die leere Stiftskirche Platz für neue Gottesdienstformen, für meditative Tänze, Taizé-Andachten, Tanzperformances, Konzerte, Lesungen, Filme, Vorträge und für ein Lichtkunstwerk, das den Kirchenraum in eine Skulptur aus Licht verwandelte. „Leer_raum" hieß das Projekt.[4] Die Leute kamen und sie standen in langen Schlangen vor der Kirche. Sie warteten auf Einlass zur Clubnacht. Sie saßen dicht gedrängt auf Papphockern und verfolgten die Balletttänzer, wie sie zur Gitarrenmusik tanzten. Sie standen eng an eng in der leeren Kirche und sangen sich beim offenen Singen die Seele aus dem Leib. Sie feierten an Biertischen ein rauschendes Frauenmahl. Sie versammelten sich um Orchester und Chor in der Mitte der Kirche wie um ein spirituelles Lagerfeuer und hörten Haydns Schöpfung. Die Kirche strahlte. Sie strahlte weit hinein in die Stadtgesellschaft. Auch die Bilanz des Projekts „Leer_raum" glänzte mit schwarzen Zahlen. Ein Kreis von circa 150 Kirchenmitgliedern plante und organisierte die Reihe. Es kamen knapp 15.000 Leute. Mitgliederschwund und Leuteüberschuss.

2 Vgl. MAREN LEHMANN, „Ev'rybody's Talking. Das Publikum der Kirche. Talk comes first", in: ISOLDE KARLE (Hg.), *Kirchenreform*. Leipzig 2009, 217–236, hier: 234.

3 https://www.herrbergskirchen.org/de (letzter Zugriff: 8.4.2025).

4 https://www.leerraum-tuebingen.de (letzter Zugriff: 10.4.2025).

Was ist gemeint mit „Leuten"? Horst Brettel gibt uns eine anschauliche Beschreibung. Leute sind „Menschen, die wir respektieren, und zwar unabhängig von Kirchenzugehörigkeit und Konfession – wir lassen jeden rein [in die Her(r)bergskirche zum Übernachten]. Egal ob er Mohammed heißt, ob er Klaus oder Erika heißt, das ist vollkommen egal. Ob die Menschen aus Frankreich, aus Europa oder sonst wo herkommen."[5] Leute, so könnte man sagen, sind Menschen, die nicht gefragt werden, ob sie Mitglied sind oder nicht. Leute sind Menschen im Dazwischen, zwischen Kirchenzugehörigkeit und Nicht-Zugehörigkeit. Zu den Leuten gehöre ich, solange diese Frage offenbleiben kann, solange niemand darauf besteht, dass ich Farbe bekenne und sage, ob ich glaube oder nicht, dass ich das Credo mitspreche oder mir der Atem stockt. So lange gehöre auch ich zu den Leuten, ob ich nun Kirchenmitglied bin oder nicht. Leute kommen nicht als Mitglieder, selbst, wenn sie Mitglied sind. Leute kommen nicht als getaufte Brüder oder Schwestern im Geiste, selbst wenn sie es sind. Leute kommen jenseits dieser Unterscheidungen, jenseits fester Zuschreibungen, jenseits bestimmter Rollen, wenn Routinen außer Kraft gesetzt sind. Leute kommen im Urlaub, in der Freizeit, für ein Konzert, für einen liturgischen Tanz, für einen Meditation. Leute sind Menschen auf der Schwelle. Sie kommen für einen Augenblick, in dem vieles offenbleiben kann, weil er nicht auf Dauer ist.[6] Sie stehen für einen Übergang, eine Auszeit, eine momentane Unterbrechung, bei der Fäden neu geknüpft werden können, weil die Enden offen sind.

5 LARS WEITEMEIER, „Wo von Himmelsleitern geträumt wird. Eine Herbergskirche in Neustadt a. R.", in: JÜRGEN WILLINGHÖFER (Hg.), *Ein neuer Typus Kirche. Hybride öffentliche Räume*. Berlin 2021, 48–59, hier: 52.

6 Vgl. ULRIKE WAGNER-RAU, *Auf der Schwelle*. Stuttgart 2009, 119.

OFFENE ENDEN

Warum tut sich die Kirche so schwer damit, offene Räume anzubieten, informelle Schnittpunkte, Begegnungsorte, wo Leute sich treffen wie auf einem Marktplatz jenseits ihrer konfessionellen, nationalen, kulturellen und sozialen Bindungen? Warum tut sie sich so schwer – außer in den seltenen Fällen wie in den acht Projektkirchen in Neustadt, Niedergebra, Ellrich, Donndorf, Roldisleben, Apolda, Blankenhain und Krobitz in Thüringen[7] oder im „Leer_raum" in der Stiftskirche in Tübingen? Warum vergeudet Kirche leichtfertig den Reichtum an Leuten? Das Potenzial der leichten, lockeren, situativen, spontanen und momentanen Vernetzung, die Menschen zu Leuten macht?

Zwei Hindernisse fallen mir auf. Das eine lässt sich leicht beheben, das andere nicht. Zum einen ist jede Organisation an ihrer Selbsterhaltung interessiert. Die Kirche als Organisation von Mitgliedern schwindet, wenn ihre Mitglieder gehen. Also ist sie leidenschaftlich am Erhalt ihrer zahlenden Mitglieder interessiert, nicht so sehr an Leuten. Dieses Hindernis ließe sich beheben, wenn im Dienstauftrag der Pfarrer ein Drittel der Zeit für jene Arbeit ausgewiesen würde, die Leuten und nicht Mitgliedern dient und die auch durch Leute finanziert wird – durch die Bezahlung einer Übernachtung oder Eintrittskarte oder von Gebühren für bestimmte Leistungen.

Das zweite Hindernis lässt sich nicht ausräumen. Kirche will und muss in allem, was sie tut, Kirche bleiben. Sie kann daher die Gretchenfrage – „Nun sag, wie hast du's mit der Religion?" – nur aufschieben für den Augenblick, aber nicht auf Dauer. Leuteüberfluss wird es in der Kirche aber nur geben, wenn sich Menschen respektiert fühlen, unabhängig von ihrer konfessionellen Bindung. Leute kommen nach Neustadt, um dort in der Kirche zu übernachten, weil sie wissen, dass alle willkommen sind, ohne dass sie nach ihrer Religion gefragt werden. Die Kirche würde sich jedoch selbst und ihrer Aufgabe untreu – und aus ihrer Sicht auch den vielen Leuten, die kommen –, wenn sie ihnen die Antwort vorenthielte, wie sie ihr Verhältnis zum transzendenten Grund ihrer Existenz gestalten können und auch sollten. Schließlich geht es in der Beziehung zu Gott um die Wahrheit – und das umfassende Heil der Seele.

Wie also kann das gelingen: Leute im Überfluss, ohne dass sich die Kirche selbst verliert? Wie kann es ihr gelingen, mit oszillierenden Rändern zu leben? Mit einem Netzwerk an Begegnungen?[8] Mit Enden, die offenbleiben, weil nur so sich Leute willkommen fühlen, ja, weil sie nur dann überhaupt kommen? Das könnte eine Frage des Taktes und des Fingerspitzengefühls sein. Der Kirchengemeinde in Neustadt jedenfalls gelingt es sehr gut, beides zu verbinden. Das Geheimnis ihres Erfolgs: der Kirchenraum. Denn die Gäste aus aller Welt übernachten im selben Raum, in dem nach wie vor der Gottesdienst gefeiert wird. So war es auch im „Leer_raum" in Tübingen, wo die geistlichen Übungen und der Gottesdienst in gleicher Qualität und Intensität denselben Kirchenraum füllten wie die Konzerte und Tanzperformances. In beiden Fällen redet der geistlich beatmete Raum der Kirche unaufdringlich mit, wird die göttliche Wirklichkeit, die über unseren endlichen Horizont geht, atmosphärisch im Kirchenraum spürbar. In beiden Fällen können Leute in der Kirche sein und die Kirche kann sie selbst sein und bleiben.

7 Vgl. JÜRGEN WILLINGHÖFER (Hg.), *Ein neuer Typus Kirche. Hybride öffentliche Räume*. Berlin 2021, 49–141.

8 Vgl. MAREN LEHMANN, „Leutemangel. Mitgliedschaft und Begegnung als Formen der Kirche", in: HERMELINK/ WEGNER (Hg.), *Paradoxien kirchlicher Organisation*. Würzburg 2008, 123–144.

WARUM SICH NUR ETWAS ÄNDERT, WENN MAN DIE RÄUME ÄNDERT

Es reichen minimale Änderungen, um große Effekte zu erzielen. In Neustadt ist es ein Bett und in Tübingen sind es die Bänke. Das war schon in der Reformation so. Der große geistige Umbruch war architektonisch ein Ereignis der Möblierung von Kirchen. Aber auch für minimale Änderungen braucht es einen Wandel der Gesinnung. Der Geist für eine neue Gestaltung muss sich in den Köpfen Raum schaffen. Und selbst, wenn die Breitschaft für einen Neubeginn da ist, erfordert es oft lange und intensive Gespräche, bis schließlich gehandelt wird. Ich möchte nicht wissen, wie viele Stunden in Neustadt diskutiert wurde, bis das Bett endlich in der Kirche stand.

Was leistet eine solche minimale Änderung? Sie verstetigt eine bestimmte Handlungsroutine. Im Fall vom Neustadt verstetigt das Bett, in Tübingen der leere Raum die Öffnung der Kirche für die Leute und nicht mehr nur für die Mitglieder. Die Abweichung von der Regel eines liturgisch streng geordneten Kirchenraums wird mit dem Bett und den entfernten Bänken selbst zur Regel. Erst so, wenn die Abweichung nicht mehr von der Spontaneität Einzelner abhängt, sondern regelmäßig ist und getragen wird von einer gemeinsamen Haltung, wird aus einem Wandel der Gesinnung eine Veränderung der Institution. Dann schafft auch eine noch so minimale Änderung wie ein Bett einen neuen sozialen Zusammenhang, eine neue Form von Kirche.[9] Das Gegenteil zeigt sich in Tübingen. Denn dort wurden nach 5 Wochen „Leer_raum" die Bänke wieder in die Kirche geschraubt. Der liturgische Raum der Stiftskirche, die in dieser Form ein exklusiver Raum für Mitglieder ist, wurde wieder hergestellt. Das offene Ende wurde wieder fest verknotet, das Feuer erstickt. Auch die Resakralisierung der Kirche in Ellrich ist ein solches Beispiel. Dort wurde aus einem offenen Raum der Begegnung für die ganze Stadt, aus einer Netzwerkkirche, ein liturgischer Kirchenraum, der in erster Linie zu den Mitgliedern spricht, nicht zu den Leuten.

9 Vgl. MARTINA LÖW, *Raumsoziologie*. Frankfurt a. M. 2001, 185.

DAS THEMA

Welche neuen sozialen Formen von Kirche entstehen, wenn Kirchenräume geöffnet werden für Leute und nicht nur für Mitglieder? Wie sieht das aus, wenn die Gäste der Her(r)bergskirche, die dort übernachten, mit ihren Gastgebern zusammenkommen, die in diesem Kirchenraum auch beten? Welche Gemeinschaft entsteht bei diesen Begegnungen? Darf man das auch Gemeinde nennen? Und wie verändert die Aufstellung eines Bettes im Kirchenraum die Institution Kirche? Das sind die Fragen, denen in *Offene Enden*, dem letzten Band einer dreibändigen Reihe zur Umgestaltung und Erneuerung von Kirche(n), nachgegangen wird. Der erste Band, *500 Kirchen, 500 Ideen*, führt in das Problem ein, dass Kirchen, die nur den Bedürfnissen ihrer Mitglieder dienen, zunehmend leerstehen. Der zweite Band, *Ein neuer Typus Kirche*, macht Vorschläge, wie Kirchen so umgebaut werden können, dass sie nicht nur Raum für ihre Mitglieder bieten, sondern auch offen sind für Leute. Der dritte Band zeigt nun die neuen sozialen Formen auf, die sich in Kirchen entwickeln, in denen Mitglieder, die weniger werden, und Leute, die es im Überfluss gibt, sich vernetzen.

PROJEKTE – PRAXIS UND ERFAHRUNG

22

mit Graphic Novels von Andree Volkmann

ELLRICH

Ist nun bei euch Ermahnung in Christus,
ist Trost der Liebe,
ist Gemeinschaft des Geistes,
ist herzliche Liebe und Barmherzigkeit.

Philipper 2,1

Netzwerkkirche St. Johannis

SISYPHOS IM SÜDHARZ

Am Anfang vieler Zerstörungen war das Feuer. Brunstartig und verheerend streckte es in früheren Zeiten oft alles Gebaute bis auf die Grundmauern nieder: Häuser, Scheunen, Kirchen, Gutshäuser und Katen. Den Leidgeprüften blieben meist nur Ruinen und das Sisyphos'sche Verlangen – dieser gilt ja nicht nur als absurd unermüdlich, sondern auch als Schalk und damit als Vorbild einer jeden Bürgerschaft, die sich dem Unbill geschickt zu widersetzen weiß – alles wieder aufzurichten. Das ging Jahrhunderte so. Liest man in den Annalen der Städte, auch in der Ellrichs, so ist man ob der hartnäckigen Wiederaufbauarbeit (unter anderem 1860 und 1909) immer wieder erstaunt.

Ellrich, das ist heute eine Kleinstadt im Südharz, gelegen in einer von Gipskarst durchzogenen Landschaft nahe der ehemaligen Zonengrenze. Hier ist Thüringen. Hier ist alles, was kleine Städte in Mitteldeutschland so angenehm mittelschön macht: von allem etwas und doch nicht zu viel, just so, dass sich stets aufs Neue eine Form von Bürgerlichkeit entwickeln kann – trotz aller Widrigkeiten und obwohl Ellrich nach der Grenzöffnung 1989, wie viele Städte der ehemaligen DDR, eine große Anzahl seiner Bürger durch Abwanderung verlor.

Auch ist der Kleinstadt eine leidvolle Vergangenheit eingeschrieben: Im Zweiten Weltkrieg befanden sich unmittelbar an der heutigen Grenze zwischen Thüringen und Niedersachsen zwei Außenstellen des KZ Mittelbau. Während der deutschen Teilung durchschnitt die innerdeutsche Grenze

das ehemalige Lagergelände Ellrich-Juliushütte. Erst nach der Wiedervereinigung wurde es wieder zugänglich und es konnte ein Gedenkort entstehen, der auch an diesen verheerenden Teil der Ellricher Geschichte erinnert.

Wahrzeichen der Stadt und Begleiter ihrer bewegten Reise waren lange Zeit – und sind inzwischen wieder – die Türme der St. Johanniskirche im Herzen von Ellrich. Die ab den 1970er Jahren langsam zerfallende Kirche, deren Türme aus bautechnisch erforderlichen Sicherheitsgründen abgetragen worden waren, wuchs nach der Wende wieder zu einem benutzbaren Gotteshaus heran. Ruinen befeuern nicht nur den Traum einer Romantik des Gewesenen, sondern sind auch ein schmerzliches Zeichen des Verlustes, eine schwelende Wunde, die nach Heilung verlangt – so unpragmatisch und unökonomisch das auch manches Mal von außen wirken mag. Die nun ähnlich dem namensgebenden Baum der Stadt, der Erle, wieder emporwachsenden Türme sind Ergebnis einer großen, gemeinsamen Anstrengung jener Ellricher, die sich in einem der vielen nach der Wende entstandenen Kirchbauvereine zusammenfanden. Aktiver Bürger, gar nicht unbedingt Gemeindemitglieder, die diese Wunde endlich schließen wollten und Ellrich sein soziales Zentrum wiedergegeben haben. Doch wie das immer so ist: Kaum ist eine Aufgabe geschafft, steht die nächste an. Im Falle von St. Johannis war das die Belebung des neu Entstandenen, die „Bespielung".

»Kaum ist eine Aufgabe geschafft, steht die nächste an.«

Die Idee, aus der Kirche einen Ort für neue Impulse zu machen, entstand, indem man sich zunächst den psychohistorischen Wunden widmete. In Hörkreisen, die der Schweizer Künstler Jürg Montalta durchführte, wurden Geschichten und wurde Geschichte erzählt, um sich dann, in gewisser Weise befreit von der Last der vergegenwärtigten Vergangenheit, der Zukunft Ellrichs zu widmen. In einer Werkstattwoche wurde schließlich eine multiple Kirchennutzung getestet. Die Leere des Raums, darauf vertraute man, würde zu neuen Ideen führen. Wie in Kirchen aus alter Zeit, wo einzig das Chorgestühl und später auch manche Empore fest installiert waren, erkennt man in der leergeräumten Kirche das ganze Potenzial eines großen, überdachten Hallenraums.

Um die Ellricher endlich wieder in dieses so lange leerstehende Bauwerk zu locken, lud man sie dazu ein, herzukommen und alles, was sie für eine temporale „Behausung" der Kirche brauchten, selbst mitzubringen. Es kamen viele und es wurde einiges mitgebracht nach St. Johannis. Eine Woche lang gab es Tischtennisspiel, Pizzabacken, Ausstellungen, Leseveranstaltungen; es wurde gemeinsam gekocht, gelesen und gefeiert. Langsam sickerte dabei ein Begriff durch die Gemeinde: Netzwerk. Ein Netzwerk verbindet und ermöglicht, dass etwas übertragen wird. Übertragen wurden Ideen, ermöglicht wurde das in der Kirchenhalle: Sie war Atelier, war Werkstatt, Markt, Theater, Kino und sogar Kulisse für den Film „Die Schule der magischen Tiere".

Netzwerke lassen sich vielleicht als soziale Analogien zu den durchlässigen Karstlandschaften sehen, wie sie auch Ellrich umgeben: als ob sich da im harten Gestein plötzlich Wege eines neuerlichen Informationsflusses auftun. Fast will es anmuten, als gleiche die Kirche, dieser nun wieder leere, immer schon hallenartige Raum, den durch Verkarstung entstandenen grottenartigen Höhlen. Wie der um Ellrich vorkommende Gips der korrosiven Kraft des Wassers ausgesetzt ist, so wird, im übertragenen Sinne, die Kirche(ngemeinde) durch die kommunikationsfördernde Kraft des Netzwerkes langsam gelockert, und es entstehen neue Möglichkeiten, neue Ideen, neue Räume. Es bewegt, es ändert und verschiebt sich etwas im Gefüge. Den geologischen Verwerfungen entspricht, wieder analogisch gefasst, im Sozialen der langsame Wandel durch die erodierende Kraft des Austauschs. Genau hierdurch, durch Feste, Verabredungen, Begegnungen, wurde St. Johannis in Ellrich wieder zu einem Ort, den man wahrlich Institution nennen kann.

Am Ende war dabei wieder der Unermüdliche, der Schalkhafte am Werk: Der Wiederaufbau der zu DDR-Zeiten nicht ganz ohne politischen Hintersinn abgetragenen Türme von St. Johannis erfolgte ausgerechnet mit Geldern aus dem ehemaligen Vermögen von Parteien und Massenorganisationen der DDR (PMO).

VON MÄUSEN UND MENSCHEN

AUSSEN – ELLRICH, ST. JOHANNISKIRCHE – SOMMER 2023, NACHMITTAG
Einwohner von Ellrich nähern sich dem Eingang.
INNEN – KIRCHE
Gemeindeversammlung
PFARRER: Unsere Kirche wird zum Schauplatz eines großen Hollywoodstreifens: Der Ring von Ellrich.
PAUL: Ein Film? Hier? Was soll das? Das ist doch nichts für uns!
ANNEGRET (für sich): Ich werde doch noch... Visagistin.?
Menschen? Ein Film? Nach so langer Zeit?

AUSSEN – LANDSTRASSE NACH ELLRICH – ZWEI MONATE SPÄTER – TAG
Mehrere Trucks auf dem Weg nach Ellrich.
AUSSEN – ELLRICH, KIRCHE – TAG
Filmcrew trifft ein und beginnt mit den Vorbereitungen zum Dreh.
INNEN – KIRCHE – TAG
Regisseurin und Produzent besichtigen ehrfürchtig das Kirchenschiff.
REGISSEURIN (bewegt): Amazing! Every scene will fill this old lady with light and life.
PRODUZENT (sachlich): Hier können wir alles drehen – vom mittelalterlichen Markt bis zum Zauberwald.
Leute, Leute, die bringen Käse mit!!
AUSSEN – STRASSEN VON ELLRICH – TAG
Einwohner von Ellrich nähern sich neugierig und interessiert.
EINWOHNER VON ELLRICH: Hmm...?
O Gott – Käse bis zum Jüngsten Tag!

INNEN – KIRCHE – TAG
Die Kirche verwandelt sich in ein Filmset: Ein mittelalterlicher Markt mit bunten Ständen.
Annegret schminkt die Hauptdarstellerin Camilla, die die Heldin Elarin darstellt.
ANNEGRET: Dieser Raum braucht Styling, keine Ikonen.
Die Dreharbeiten sind in vollem Gange. Auf dem Markt sucht Elarin, eine hochintelligente Erfinderin, den verlorenen Ring von Ellrich – ein geheimnisvolles Artefakt, das Schicksalsschläge in Energie verwandelt, aus der Neues entsteht.
REGISSEURIN (zufrieden): Amazing!
REGISSEURIN (entschlossen): Cut!
Gar nicht so einfach, da ran zu kommen. Ganz schön was los hier.

INNEN – KIRCHE – TAG
Neues Filmset: Mystischer Wald. Elarin bewegt sich durch das Gebüsch, immer noch auf der Suche nach dem Ring von Ellrich.
Ein silberner Fuchs mit Sternenaugen erscheint – um seinen Hals den Ring von Ellrich.
Elarin begegnet dem Fuchs.
Elarin trägt den Ring von Ellrich um den Hals.
Der Fuchs erschreckt die Kirchenmäuse, die mit ihrer Beute durch das Set flitzen
Habt ihr den gesehen? Das war knapp.

INNEN – KIRCHE – NACHT
Feier zur Premiere von Der Ring von Ellrich. Die fröhliche Gesellschaft aus Filmcrew und Einwohnern von Ellrich tanzt in der festlich geschmückten Kirche.
Camilla tanzt mit Paul.
PAUL: Wer hätte gedacht, dass unsere alte Kirche so viele Rollen spielen kann?
CAMILLA: Und du würdest auch keine schlechte Figur machen auf der Leinwand. Vielleicht schlummert in dir doch ein Star!
Annegret steht am Rand und beobachtet die Szenerie.
ANNEGRET (für sich): Ich hätte nie gedacht, dass dieser Ort so lebendig sein kann. Es fühlt sich an, als wäre dies ein völlig neuer Raum
REGISSEURIN: Amazing!
I love Elliwood!
Leere muss nicht endgültig sein. Wie hat sich unsere Kirche in all den Jahren gewandelt...

Ein Gespräch mit dem Kirchbauvereinsvorsitzenden

MARTIN BISCHOFF ÜBER STABILISIERENDE NETZWERKE

Wie viele Mitglieder haben Sie in Ihrem Kirchbauverein und was ist Ihr Ziel?

Aktiv ist meistens eine Handvoll. Aber man braucht auch noch den Unterstützerkreis, denn wenn es hart auf hart kommt, muss man ja ein paar mehr aktivieren können. Aber insgesamt haben wir ziemlich genau 80 Mitglieder, die sich über ganz Deutschland verteilen. Es ist also nicht nur ein lokaler Verein. Wir haben auch Mitglieder in der Schweiz und sogar in England. Das sind „Ausgewanderte", deren Interesse an Ellrich aber immer noch da ist. Es zeigt sich auch bei uns: Ein konkretes Ziel bindet Leute immer gut zusammen. Das ist ja auch ein bisschen unser Thema. Den Prozess vergleiche ich gerne mit einer Wanderung im Hochgebirge: Wir erreichen die erste Steilstufe, dann geht es mit viel Atemnot nach oben, dann gibt es eine Ebene, wo man sich etwas ausruhen kann, aber man sieht schon wieder den nächsten Hang, den man bewältigen muss. Das war bei der Sanierung des Kirchgebäudes auch so. Wir hatten erst nur die Kirche selbst notdürftig in Stand gesetzt mittels archäologischer Schutzdächer, sodass die Mauerreste geschützt waren. Erst durch den Gewinn von 200.000 Euro bei der MDR-Sendung, bei der die ganze Stadt mitgemacht hat (siehe Band II), taten sich ganz neue Perspektiven auf. Mit einer solchen Basis von Eigenmitteln war einerseits das Einwerben weiterer Fördermittel leichter und wir konnten andererseits viele in Ellrich überzeugen, die vormals skeptisch waren, bei unserem Projekt mitzumachen. Plötzlich war klar: Die kriegen das hin! Und wenn die ganze Geschichte erst einmal

»Und ein Netzwerk ist dynamisch, es ist ja nichts Statisches.«

rollt, dann springen Leute auf den Zug auf und packen mit an. So hat sich das Ganze im Laufe der Zeit ausgeweitet. Und jetzt sind wir so weit, dass wir Kirche und Turm fertig haben. Jetzt ist die Begeisterung groß in Ellrich, alle freuen sich.

Wie sind Sie denn damals auf den Begriff Netzwerkkirche überhaupt gekommen?

Das war nicht meine Idee. Die Idee der Netzwerkkirche brachte Frau Bergt aus Erfurt mit. Keiner von uns verstand damals, was sie damit meinte. Denn Netzwerke haben ja ganz unterschiedliche Bedeutungen. Und das, was sich dann daraus entwickelt hat, das ist natürlich die starke Gemeinschaft von Leuten, die gemeinsam an einem Ziel arbeiten. Das ist jetzt unser Netzwerk. Die Begrifflichkeit ist dann einfach an der Kirche kleben geblieben ist. Wir haben von da an immer von Netzwerkkirche gesprochen, obwohl die Kirche selbst ja kein Netzwerk ist. Sie ist nur ein Haus, wenn man das so sagen will. Wenn man über die Netzwerkkirche spricht, meint man einmal das Gebäude und einmal die Netzwerker, die in/für/an der Kirche arbeiten.

Wie stabilisiert man dieses Netzwerk auf Dauer?

Es ist eine Auflage bei vielen Fördermitteln, dass sich die ganze Sache auf Dauer auch trägt. Die Kirche ist saniert und muss jetzt auch unterhalten werden. Aus der Netzwerkarbeit heraus finden sich nun Gedanken, was man noch weitermachen kann. Und ein Netzwerk ist dynamisch, es ist ja nichts Statisches. Wir haben zum Beispiel auch in den Nachbardörfern Netzwerke, die auch Mut gefasst haben: „Wir gehen jetzt auch unsere Kirche an. Wir machen was, denn es geht, Ellrich hat das gezeigt." Es wurden dort nach unserem Beispiel eigene Vereine gegründet, die mit uns Austausch pflegen, sodass das Netzwerk sich langsam in der Region ausbreitet. Ich finde das einen wichtigen Aspekt, oder vielleicht sogar schon ein großartiges Ergebnis unserer Netzwerkarbeit.

Was hat das für Ellrich gebracht?

Wenn man aber in so einem Ort wie Ellrich versucht Kultur zu etablieren, dann braucht das kulturelle Leben auch eine passende Räumlichkeit. Ich muss irgendwo hingehen können, es muss auch Bedingungen geben, unter denen man arbeiten kann. Allein schon als die Kirche fertig war – mit Toilette, mit der ganzen Medienanlage –, da kamen auch die Ideen. Man kann eigentlich sagen, mit dem guten Ort kommen die guten Ideen. Ich finde es in diesem Zusammenhang wichtig und gut, dass die Kirche selbst im Grundzustand leergeräumt ist. Nur so besteht die Möglichkeit zu sagen: Ah, wir könnten das und das machen. Wenn ich zum Beispiel in anderen Kirchen sehe, dass da alles bestuhlt ist, dann ist sofort klar: Da schwinden die Möglichkeiten. Da wird einem schon gesagt, hier soll man sich hinsetzen. Aber bei Ellrich, und das finde ich so schön, ist da jedes Mal, wenn man reinkommt, erst mal dieser leere Raum, der sofort eine Idee gibt: Ah, wir könnten jetzt mal einen Ball machen oder können Konzerte oder Ausstellungen veranstalten. Das mit der leeren Kirche war ein Hinweis, den uns der Künstler Jürg Montalta gegeben hat. Der hat immer gesagt, lasst doch die Kirche einfach leer. Macht sie leer und wenn man reinkommt, hat man ein Raumgefühl in der Kirche, das einen erst mal innehalten lässt. Und dann kann man sich dem Bau hingeben und dann kommen auch tatsächlich die Ideen.

Das Gespräch führte Jürgen Willinghöfer.

»Man kann eigentlich sagen, mit dem guten Ort kommen die guten Ideen.«

KROBITZ

Ermuntert einander mit Psalmen und Lobgesängen und geistlichen Liedern.

Epheser 5,19

Feuerorgelkapelle St. Anna

SCHLAFES ORGEL

Krobitz. Ein Dorf mit nur acht Häusern, Ortsteil der Gemeinde Weira, gelegen an der Nordabdachung des auslaufenden Südostthüringer Schiefergebirges oberhalb des Orlatals. Den wenigen Häusern gegenüber: eine Kapelle, die Jahrzehnte lang die meiste Zeit über verschlossen war. Ab den 1950er Jahren diente sie hauptsächlich als Lager; lediglich einmal im Jahr fand vor der Kirche ein großer Himmelfahrtsgottesdienst statt. Steht man vor diesem Solitär von einer Kapelle, kann man kaum glauben, dass hier je etwas Regelmäßiges stattfand. Sie liegt auf freiem Feld, diese kleine romanische Gutskirche ohne eigene Orgel, abgelegen wie der gesamte Weiler Krobitz, freistehend wie sonst nur wehrhafte Bauten. Alles, was sich ihr durch die Landschaft nähert, wird schon früh erkannt.

St. Anna. Da steht sie noch immer, dieses urtümlich-kraftvolle Gefüge aus Geist und Stein, und überdauert die Jahrhunderte auf ihrem Ausguck über die Landschaft. Psychogeografisch könnte man behaupten, dass Extro- wie auch Introversion hier ausgeprägt spürbar sind. Aus der Ferne ist sie eine kleine, trutzige, selbstbewusste Landmarke. Beim höhlenartigen Innern wiederum kommt einem der Begriff „urchristlich" in den Sinn.

Feuerorgel. Es trug sich zu – so schwingt sich das Konstatierende auf –, dass nach sorgfältiger Auswahl hier ein seltsames Instrument seinen neuen Wirkraum fand. Dieses erscheint nicht minder urtümlich: Es pfeift und brennt, es hebt und senkt sich, es braucht wie die Kapelle weder Strom noch Wifi. Erhitzte Luftzüge in Glasröhren erzeugen Töne entsprechend einer auf Walzen

»Möglicherweise ist die Musik ein besonders starkes Element bzw. Sozialisierungsform der christlichen Welt-kirchen.«

gebannten Komposition. Ob es nun Klangreihen in Neumen-Notationen sind oder anders-tonale Musiken, das kann der Laie aufs Erste möglicherweise gar nicht heraushören. Der normierte Takt der Zeit verschwimmt und eine Audiovision von Überzeitlichkeit verbreitet sich unter den Zuhörenden.

Sie selbst ist dann doch real, die Orgel. Ein Kind des wunderlichen globalen Kunstzirkus, aber ebenso des so bodenständig wirkenden Künstlers Carsten Nikolai. Als *organ* – so der Titel der Arbeit – bringt die Installation die verschlafene Kapelle wieder zum Atmen und vereint eine Gemeinde um sich durch ihre wundersamen Tonfolgen.

Die Feuerorgel steht in diesem Zusammenhang vielleicht auch für Musik an sich, und das ganz konkret: Es vermittelt sich das Individuelle durch das Allgemeine als Besonderes dieser tönenden Feuerorgel in Krobitz. Eine weitere Faszination liegt darin, dass die Klangerzeugung multisensual erfahrbar wird, durch ein organisches Zusammenspiel der Elemente. Die Flammen sind nicht nur Wärme- und Lichtspender, sondern auch Tonerzeuger. Gegründet ist alles auf dem Jahrhunderte alten Lehmboden. Hier verbindet sich das Leichteste mit dem Schwersten.

Musik und Kirche waren in einer verklärten Erinnerung immer schon eine Einheit. Möglicherweise ist die Musik ein besonders starkes Element, gewissermaßen eine Sozialisierungsform, der christlichen Weltkirchen. Singen, Atmen, Töne – eine Sprache, die man fühlen kann, die einen zu Tränen rühren kann, beschwingen, befremden, ruhig werden lassen. Eine Sprache, die einem in die Knochen geht. „They bring my bones to rattle", wie Steve Martin einst über *The Grateful Dead* sagte.

So entsteht in Krobitz vielleicht eine andere idealtypische Form von Gemeinschaft, diesseits der etablierten kirchlichen Sozialstrukturen. Während christliche Gemeinde gemeinhin durch die Verkündigung des Evangeliums (also eines Textes in benennender, erklärender Sprache) entsteht, das Menschen in existentiellen Momenten trifft und sie zu einem Glied am Leibe Christi macht, ist es hier in Krobitz umgekehrt. Hier stiften die karge Spiritualität des Raums und die befremdende Präsenz der Apparatur nach und nach eine neue Gemeinschaft, zunächst unter einzelnen Einheimischen, dann vielleicht unter Besuchern, Hinzukommenden und schließlich auch mit der religiösen Institution in Gestalt des Pfarrers. Erst in diesem räumlich-zeitlichen Gefüge kann er ein religiöses Deutungsangebot machen, sprich, das Evangelium verkünden und das scheinbar verlorengegangene Ende wieder aufnehmen. Diese umgekehrte Reihenfolge zeigt sich darin, dass der Pfarrer sich bei Eintritt in die Kapelle fragt, wo denn in diesem neu konfigurierten Raum sein Platz ist. Erst jetzt wirkt die gemeinschaftsstiftende Transzendenz von Klang, Raum und textlicher Botschaft.

Der Funke, der die schlafende Kirche geweckt hat, war das eigentümlich lautende Kunstwerk. Es steht deshalb zurecht im Mittelpunkt dieser „Höhle". Vielleicht ist die Orgel ein neuerlicher Katalysator der christlichen

Botschaft, in einem Zusammenhang, der eigentlich gar nicht mal so neu ist. Und wenn es den Pfarrern gelingen kann, in dieser Situation eine liturgische Begehung des Raums neu zu entwickeln, so ist damit vermutlich mehr gewonnen, als wenn die leerstehende Kirche eine andere Nutzung erfahren hätte.

Wenn dann am Johannistag in Krobitz die Orgel spielt, oder gar ein internationaler Musiker das Duett mit der Orgel sucht und sich so neue Instrumentenklänge ergeben, dann kommt auch eine bunt zusammengewürfelte Gemeinde von Menschen vorbei und lauscht den vielleicht gar nicht mehr so wunderlichen Tönen. Danach sitzen sie gemeinsam auf der Wiese, picknicken und philosophieren vielleicht hier heroben über das Sein – eine zutiefst ungewollt irgendwie gemeinsame religiöse Praxis?

An Silvester kommen hingegen keine Fremden nach Krobitz. Da bleibt das Dorf unter sich. Da stehen die Dörfler gemeinsam in der Kälte, in der einfachen Behausung, die blauen Flammen erleuchten nur ganz leicht den sonst kahlen Raum. Der Ton wechselt von Zeit zu Zeit, dann verklingt er. Draußen geht der Blick in die Weite, gen Himmel, und es erklingt der gegenseitige Wunsch, das kommende Jahr möge für alle Schwestern und Brüder Gutes bringen.

VOM FEUER UND FEIERN

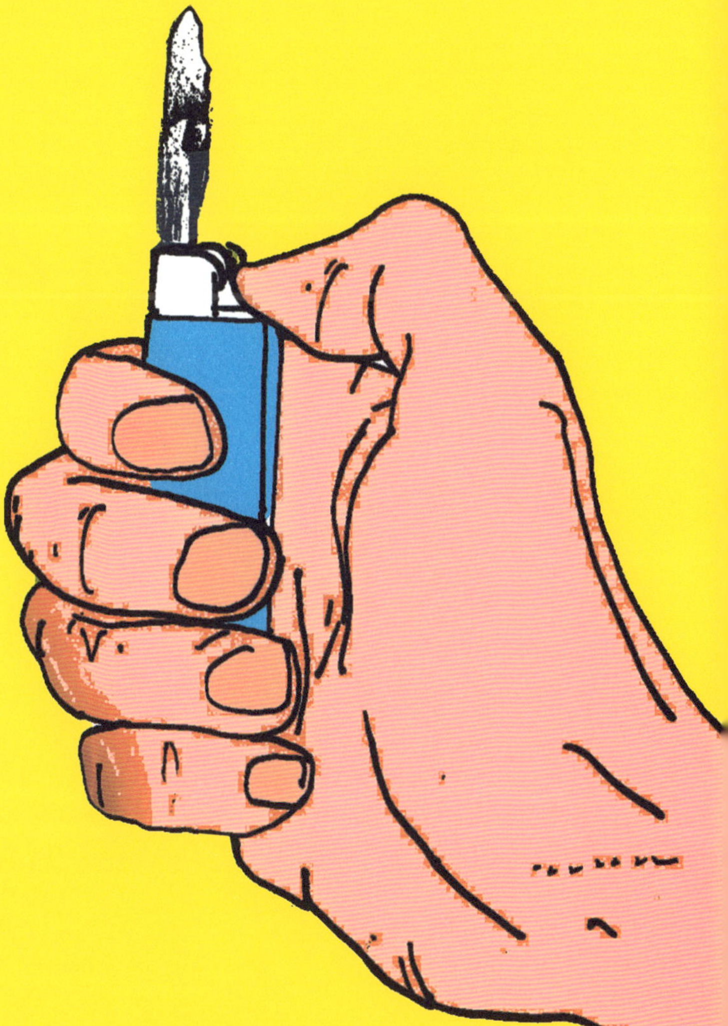

Ein Gespräch mit dem Pfarrer

CHRISTOPH BACKHAUS ÜBER FEUERZÜNDER

Wie kam es, dass Sie zuständig für die Feuerorgel-Kapelle wurden?

Mein Bezug ist erstmal, dass ich Pfarrer hier in der Landeskirche bin und zu meinem Pfarrbereich unter anderem die Feuerorgel-Kapelle Krobitz gehört. Das habe ich selbst nicht gewusst, als ich 2020 hierherkam. Ich bin in dieses Projekt hineingerutscht. Das hier ist meine erste Pfarrstelle. Von der Feuerorgel-Kapelle Krobitz war am Anfang gar nicht die Rede. Erst, als ich hier war, als Pfarrer, da hieß es, zu diesem einen Ort gehört noch diese Kapelle mit dieser eigenwilligen Orgel. Schon allein der Name „Feuerorgel" hat mein Interesse dann aber ungemein geweckt. Und zugleich war ich, was mich als junger Pfarrer einfach gefreut hat, plötzlich in einem Netzwerk drin. Das Netzwerk aus IBA und EKM, wo ich großartige, engagierte Leute kennenlernen durfte, mit denen man im Austausch ist und ernsthaft darüber sprechen kann, was eigentlich ein Kirchenraum ist und wie man ihn neu nutzen kann.

Martin Luther hat die strikte Unterscheidung zwischen Heiligem und Profanem abgeschafft. Hilft das bei der Neunutzung der Kirchenräume?

Man sagt, für uns Evangelische sind Kirchen geheiligte Räume, die dem Zweck dienen, dass Menschen zusammenkommen. Das ist anders als in der katholischen Kirche, wo die Räume an sich heilig sind. Und trotzdem bleibt natürlich diese Unterscheidung im Kopf zwischen etwas Profanem, also Vorheiligem, etwas Weltlichem, etwas Alltäglichem – und dem Sakralen, diesem Besonderen. Und ich weiß gar nicht, ob sich das so verschoben hat. Ich würde da vielleicht anschließen an dieses schöne Bild: den Spalt zum Heiligen von Thomas Erne. Ich glaube, die Menschen nehmen etwas Besonderes wahr, wenn sie in einen Kirchenraum gehen. Sie merken, das ist jetzt hier anders. Das ist nicht nur eine Scheune oder ein Gebäude. Sondern sie merken, das ist von der Form her eine Kirche und irgendwie atmet das einen anderen Geist. Trotzdem würde ich behaupten, dass sich das eine und das andere eben nicht widersprechen. Martin Luther sagte, dass es keine heiligen Räume an sich gibt. Ich würde aber behaupten, dass jede Kirche für mich in gewisser Weise gebaute Theologie ist. Wenn Menschen sich entschieden haben, eine Kirche zu bauen, sind sie immer Kinder ihrer Zeit gewesen, Kinder ihrer Theologiegeschichte, und haben sich überlegt, wie sie das, was sie theologisch und glaubenstechnisch bewegt, in Stein bauen können. So kann man an den verschiedenen Kirchen ablesen, wie die Leute in den jeweiligen Epochen Kirche gedacht und wie sie auch das Heilige gedacht haben. Ich glaube, das ist das Entscheidende. Die Menschen, die eine Kirche gebaut haben, wollten für sich einen Raum schaffen, wo sie das Heilige spüren können. Ohne, dass die Steine in dem Moment heilig gewesen wären. Aber sie wollten etwas spüren. Wenn man in die Geschichte schaut, auf die großen, wunderbaren, gotischen Kathedralen – die sollten ein Vorgeschmack auf den Himmel sein. Der Himmel sollte über ihnen ausgewölbt werden. Bei der Kapelle Krobitz erleben wir jetzt etwas ganz Spannendes, wie auch bei anderen Kirchgebäuden, die häufig vor Jahrzehnten, Jahrhunderten, manche sogar vor Jahrtausenden gebaut wurden. Die Menschen der aktuellen Zeit müssen die Kirchgebäude heute ebenfalls für sich adaptieren. Wie sie mit diesem Raum zeitgemäß umgehen, genau das ist das Spannende. In der Kapelle Krobitz ist das analog zu den Transformationsprozessen zu sehen, die wir in einer säkularen Gesellschaft haben. Das heißt, Menschen haben sich überlegt: Was machen wir jetzt mit diesem Kirchenraum, der eigentlich nicht genutzt wird? Heute spüre ich die Menschen und die Zeit über die Form der Aneignung der Räume und dadurch werden sie für mich letztlich heilig. Nicht, weil dort ein heiliger Gegenstand oder so ist. Man sagt doch immer den schönen Spruch: Tradition ist nicht die Weitergabe der Asche, sondern der Glut. Und genau das ist hier im Endeffekt buchstäblich, also „feuermäßig" passiert: dass etwas neu entzündet wurde.

»Ich glaube, die Menschen nehmen etwas Besonderes wahr, wenn sie in einen Kirchenraum gehen.«

Was hat sich geändert in der Gemeinde Krobitz?

Krobitz ist ein ganz kleiner Ortsteil von Weira. Ich glaube, er hat nur 25 Einwohner. Die meisten kennen die Kapelle schon von Kind an und sind vielleicht mal reingeklettert. Aber eigentlich war dieser besondere Raum immer verschlossen. Und es sind vor allen Dingen die Anwohner, die gesagt haben: Okay, wir gehen diesen Schritt mit der IBA Thüringen, mit der EKM und Carsten Nicolai. Wir versuchen es mal. Wir haben auch Angst davor, was hier passieren könnte. Werden wir jetzt überrannt? Was kommt da eigentlich? Aber sie waren mutig und haben den Stein ins Rollen gebracht. Und für mich resultiert daraus die schöne Aufgabe als Pfarrer, die Gemeinschaft, die dort entstanden ist, zu begleiten. Und die Leute wollen was, die muss man nicht erst groß motivieren. Sie haben eine intrinsische Motivation, weiter zu überlegen, weil sie da schon viel Herzblut reingelegt haben. Sie fragen sich aktiv: Was können wir tun? Es macht einfach große Freude, dort mit den Menschen, die was wollen, zu arbeiten. Man kann vielleicht sagen, es sind vor allem zwei Momente, die ich dort erlebe: Das eine hat direkt mit dem Gebäude an sich und der Feuerorgel zu tun. Und ich glaube, Ort und Programm wachsen von selbst und sind einfach immer wieder da. Das ist es, was die Leute spüren, die dorthin kommen. Egal mit welcher Motivation – ob sie jetzt zu einem Konzert kommen oder als Wandersleute einmal die Orgel erleben wollen. Es ist eine Kirche und das sehen und spüren die Leute. Und das zweite ist die oft überraschende Möglichkeit des anregenden Gesprächs, das dort entstehen kann, wenn Leute beim Konzert sind und irgendwie mitbekommen, ah, das ist der Pfarrer. Dann sprechen sie mich an und sagen: „Wenn ich Sie schon mal hier habe – ich sehe sonst keinen Pfarrer oder keine Pfarrerin –, ich habe da mal eine Frage …“ Und dann sind wir schon mittendrin. Mit meinem Blick auf meine Kirchgemeinden merke ich auch, dass die Gemeindekirchenräte grundsätzlich sehr mit ihren Kirchgebäuden beschäftigt sind. So ein Kirchengebäude bindet einfach unheimliche Kräfte. Da muss ständig was gemacht werden, was häufig kostenintensiv ist, was Kirchgemeinden nicht aus eigener Kraft stemmen können oder wofür Anträge gestellt werden müssen. Dabei merke ich, dass dies für die Menschen oft eine Belastung ist. Das war auch in Krobitz so. Das Gebäude gehört zur Gemeinde Weira, die selbst eine große Kirche hat, und dann kommt noch eine Kapelle dazu. Zu Beginn ist das bei den Verantwortlichen in der Kirchgemeinde auf Ablehnung gestoßen oder hat sie schlicht überfordert. Aber diese Lücke haben die Leute vor Ort in Krobitz ausgefüllt. Es sind Leute jenseits des Gemeindekirchenrats, die sich nun darum kümmern. Und das ist, glaube ich, das Entscheidende und vielleicht auch ein bisschen der Tipp für die Zukunft: dass wir eben nicht nur in unseren kirchlichen Strukturen schauen dürfen.

Das Gespräch führte Aline Ott.

ROLDISLEBEN

*Ich danke dir dafür,
dass ich wunderbar gemacht bin;
wunderbar sind deine Werke;
das erkennt meine Seele.*

Psalm 139,14

Bienen-Garten-Kirche St. Peter und Paul

DASEINS-FRÖMMIGKEIT

Am Brunnen vor dem Tore
Da steht ein Lindenbaum
Ich träumt' in seinem Schatten
So manchen süßen Traum.

Es ist Sommer, ein beliebiger der letzten Jahre, und in Roldisleben ist Lindenblütenfest. Unter den in voller Pracht stehenden, duftenden Linden summen tausende von Bienen. Man sieht sie nicht im Halbschatten der Bäume, aber abseits in den Beuten, so informiert die Imkerin, tragen sie ihre Tracht ein.

Mit dem zweiten Glockenschlag beginnt der dreiviertelstündige Gottesdienst. Es spricht der Pfarrer über Bienen, die fleißigen, darüber, wie viele zigtausend Kilometer sie fliegen, damit wir einen Klacks Honig auf unserem Brötchen genießen können. Auf einer einfachen Yamaha-Orgel wird das tief an die Seele rührende Schubert-Lied „Am Brunnen vor dem Tore" gespielt. Der Synthesizer wirkt in dieser sommerkirchkühlen Umgebung so ungemein viel richtiger und lebendiger als jede kunstmusikalische Feinstinterpretation. Auch den Hörern macht es sichtlich Freude. Sie intonieren gleich beim zweiten Takt schon wie von einer ewigen Melodie ergriffen.

Es sind mutige Pioniere mit alternativen, ganz eigenen Lebensvorstellungen, die an Tagen wie diesen mit einer erfrischenden Mischung aus Althergebrachtem und Aufbruchsfreude Leben in die Dörfer bringen. Dieses Mal ist es eine junge Handwerkerfamilie aus Holland.

Und seine Zweige rauschten
Als riefen sie mir zu:
Komm her zu mir, Geselle,
Hier findst Du Deine Ruh'!

Unter einem Zeltdach sitzt auf einer der Bierbänke glücklich eine polnische Pflegerin, auf dem Tisch vor ihr liegt ein Stück Kuchen. Den Sonntagnachmittag verbringt sie auch dieses Mal mit ihrem Schützling, einer älteren Dame im Rollstuhl, die weniger eingeschränkt als vielmehr beseelt wirkt. Dank des Engagements des ortsansässigen Vereins „Kleine Schweiz" ist ein großer Teil des Dorfes zusammengekommen. Es wird Kuchen verkauft und Getränke, auch Bier – nach der Nachmittagssüße ein Vorgeschmack auf das herzhafte Angebot des Abends. „In 10 Minuten geht's los!", kündigt der Pfarrer schließlich übers Mikrofon an. Endlich ist es so weit und die echten Thüringer Bratwürste kommen auf den Tisch, hergestellt von der Metzgerinstanz am Ort und spendiert vom Verein. Kein Catering, kein Mietgeschirr – alles in Händen der Dorfgemeinschaft. Nicht-Ortsansässige werden ebenso herzlich bewirtet wie Nachbarn.

Das holländische Ehepaar mit seinen vier wundervollen wilden und doch so gut erzogenen Kindern hat Maltische und Sitzkisten mitgebracht, ebenso die Stäbe für den Bau einer Leonardo-Brücke, die der zupackende Vater am Tag zuvor in seiner Schreinerei zurechtgeschnitten hat. Ob die Brücke hält? Das zu prüfen traut sich nur der Pfarrer. Beim ersten Mal hält sie nicht stand, aber alle Einzelteile für den zweiten Versuch liegen schon bereit. Aus Fehlern lernt man, was man besser machen muss. Die Abstände müssen bedacht werden. Schließlich funktioniert alles, ohne Schrauben, die Brücke hält aus sich heraus. Handwerker kennen diese intuitive Erkenntnis: Jetzt passt's – nicht zu fest, nicht zu locker, gerade genug Spiel.

Geh aus, mein Herz, und suche Freud
In dieser lieben Sommerzeit
An Deines Gottes Gaben;
Schau an der schönen Gärten Zier,
Und siehe, wie sie mir und Dir
Sich ausgeschmücket haben.

Die Pfarrersfrau singt wieder, nun begleitet von ihrem Mann an der Gitarre. Lieder von Bob Dylan und aus der Mundorgel werden gespielt. Klassiker eben, bei denen es einem in den Fingern juckt, mitzusingen, auch wenn man sich nicht so recht traut. An jenem Tag sind einige schon soweit, dass sie mitsummen, und hie und da fallen den Zuschauern dann auch die fast vergessenen Worte wieder ein – ganz so wie beim Glaubensbekenntnis oder dem Vaterunser, die sich leichter in Gemeinschaft sprechen lassen als allein. An diesem Sommerabend sind die Worte da, flüssig, ohne Versprecher und Verhaspler, als schwinge das gemeinsame Sprechen die Menge mühelos durch die Texte. So wie hier, halbbewusst, ist Musik vielleicht am anrührendsten.

Die unverdrossne Bienenschar
Fliegt hin und her, sucht hier und da
Ihr edle Honigspeise;
Des süßen Weinstocks starker Saft
Bringt täglich neue Stärk und Kraft
In seinem schwachen Reise.

Roldisleben, das ist ein kleines Sackgassendorf mit etwa 150 Einwohnern im Nordosten Thüringens. Ringsum: Felder soweit das Auge reicht. An der westlichen Erhebung erstreckt sich eine Armada von Windrädern. Mittendrin dieser grüne Fleck Roldisleben, und mitten in diesem Fleck die kleine Kirche St. Peter und Paul. Im Gegensatz zu ihren verschwisterten, mächtigen Basiliken gleichen Namens wirkt dieses Kirchlein in der thüringischen Landschaft wahrlich minor. Von weitem sieht man sie nicht, kein Fingerzeig, kein „Hier bin ich und das ist meine Siedlung“. Doch nach spiralförmiger Annäherung bietet sich dem Reisenden ein kleinodisch-kraftvoller Garten Eden.

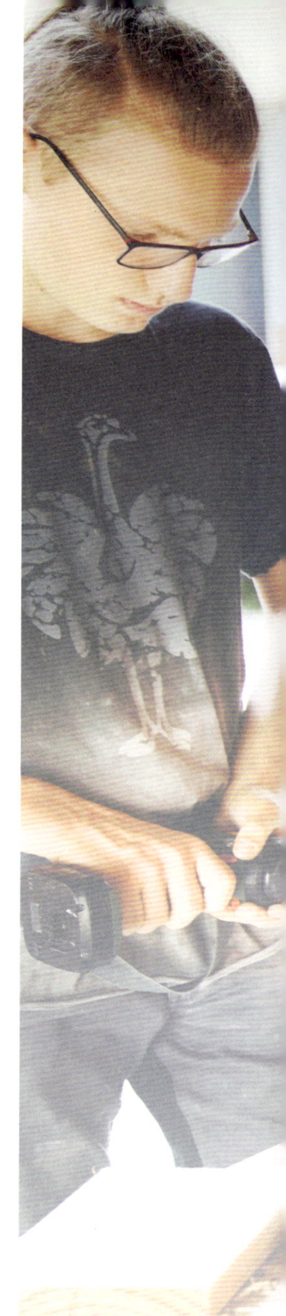

»Was die neue Gemeinschaft im Bienengarten zusammenführt, ist die Aufmerksamkeit für zyklisch Wachsendes wie Vergehendes.«

Inzwischen findet man in Roldisleben vor der Kirche einen Pavillon mit Informationen über Bienen. Der Garten ist bepflanzt und es steht eine Schaubeute mit Bienen dort. Kinder aus der Schule des Nachbarortes sind gemeinsam mit ihren Lehrern Teil des europaweiten Naturschutzprojekts „we4bee“. Regelmäßig kommt ein Professor von der Universität Wuppertal und hält Vorträge; Künstler stellen zum Thema Wachs und Bienen aus. Hierfür wird auch gerne einmal das Kirchengestühl herausgeräumt. Auch ein „Gemeinwohlschrank“ wurde aufgestellt, ebenso wie die Bienen-Skulpturen Petra und Paula, die in ihrem Innern Beuten beherbergen. Wie beim Arboretum, wo jährlich der Baum des Jahres gepflanzt wird, und bei der „Spiegelarche“, einem Kunstprojekt in der weiten Landschaft, rückt auch hier das Dorf mit Blick auf das Thema Bewahrung der Schöpfung zusammen. Die Hauptakteure sind Menschen verschiedener Generationen: ein älteres Ehepaar, hier schon lange fest beheimatet, ein Landschaftsarchitekten-Ehepaar aus Wiesbaden mit einer Liebe für die Thüringer Landschaft und auch die zwei aus den Niederlanden stammenden Holzkünstler. Sieht man die Blumen, die Bienen, die Leute im geschäftigen Treiben vor der Kirche, wird die Bedeutung des Begriffs Schöpfung fassbar.

Der Platz vor der Kirche, früher ein Anger, heute ein Garten mit Beutenskulpturen, ist ein Zwischenraum, der nicht wie der Kirchenraum selbst religiös bestimmt ist und doch eindeutig zu ihr gehört. Was die neue Gemeinschaft im Bienengarten zusammenführt, ist die Aufmerksamkeit für zyklisch Wachsendes wie Vergehendes. Vielleicht ist hinterrücks eine Art Daseinsfrömmigkeit entstanden, die religiös gedeutet werden kann, aber nicht muss. Sie verbindet ein altes mit einem immer wieder neuen Dorf.

Was wäre, wenn die arbeitsamen Bienen, die so munter hinein- und hinausfliegen, die neuen Hauptnutzer der Kirche wären? Welches Bild entstünde da, angesichts dieser emsigen Hege und Pflege, vom Christenmenschen?

VOM BAUEN UND BIENEN

MDR THÜRINGEN
JOURNAL
NORA DANAWAY
Professorin für Wissenschafts- und Technologiegeschichte, Cyborg-, Feminismus- und Bewusstseinsforschung
„Dies ist die fast unglaubliche Geschichte der Gemeinde eines kleinen thüringischen Dorfes. Die Geschichte unvorhersehbarer magischer Beziehungen und Interaktionen, die Grenzen überschreiten und neue Perspektiven eröffnen. Die Geschichte eines Ortes des Werdens. Alles begann mit einer Besetzung...“
Willkommen in
Roldisleben
H
KLEINE SCHWEIZ

geschlossen
wegen Abfall
vom Glauben

Das ist es. Hier bleiben wir.
In der Schweiz?
Wusste nicht, dass es hier ein Abfallproblem gibt.
Hier hat schon lange keiner mehr gelebt.
Sss... sss s s – shhhss
Welche Königin mag hier gewesen sein?
Die Schweiz habe ich mir anders vorgestellt.
Hier gibt's jede Menge Arbeit.
„Nachdem die Bienen nach langer Suche diesen Ort gefunden und für gut befunden hatten, beschlossen sie sich hier niederzulassen. Sogleich richteten sie Statuen von Petra und Paula, ihren Patroninnen der Summ(ier)enden Gemeinschaft auf und begannen mit dem Dachumbau und der Installation der adaptiven Platte."
Blüten müssen wieder bestäubt werden.
Hmm.., Pollen und Nektar...
MDR THÜRINGEN JOURNAL

Das hier wird ein ganz besonderer Stock.
Selbst wenn wir drei Dächer bauten, hätten wir noch 18 000 00 Petra* Wachs übrig.
*Mengeneinheit der Bienen
Raus damit. Sitzen ist das neue Rauchen.

O Gott! Ungeziefer! Insekten! Hornissen!
Hilfe! Und die schöne Kirche! Verschandelt!
MDR THÜRINGEN JOURNAL
„Im spärlichen Kreis derer, die von der Gemeinde noch übrig waren, beriet man sich, wie man dieser Plage Herr werden könnte. Schließlich hatte Herr Meier eine Idee:“
Das melden wir dem Bauamt.
So geht's ja nicht.
Jawoll.
Genau.
BAUSTOPP
KEINE MITGLIEDSCHAFT IN DER GEMEINDE NACHWEISBAR

„Am nächsten Tag fand die Pfarrerin eine Botschaft der Bienen vor, die sie noch am selben Abend der Gemeinde zeigte. Sie enthielt eine Liste von Dingen und Maßnahmen sowie eine Einladung zur Wachs- und Baumesse im Pfarrgarten am kommenden Sonntag."

PFLEGE CREME
MIT BIENEN WACHS
Honig
Bonbons
SPEZIAL

„Dieser Sonntag endete in einem rauschenden Sommerfest. Die Bewohner der kleinen Schweiz ermächtigten sich daraufhin zu einer Petition mit dem Titel „Ja zur Bienenkirche – Ein Ort für alle“. Weitere Initiativen folgten.
Eine Miniakademie wurde gegründet mit Schwerpunkt auf Gärtnern und Drohnenflug.
Schließlich konnte das Bauamt zu einer erneuten Prüfung des vorläufigen Baustopps bewegt werden. Deren überraschendes Urteil nach Bewertung der adaptiven Platte lautete: Funktioniert prima, demokratisch, ästhetisch.
Über die Notwendigkeit einer Mitgliedschaft von Bienen in der Kirchgemeinde wurde nie wieder ein Wort verloren.“

Ein Gespräch mit der Holzbildhauerin

VERA TEUNEN ÜBER VEREIN VS. GEMEINDE

Sie wohnen nun 10 Jahre in Roldisleben. Wie lebt es sich hier als niederländische Familie?

Wir wurden hier sehr gut aufgenommen. Am Anfang kam zwischendurch mal jemand zum Kaffee und man erzählte sich erst einmal was. Aber natürlich verändert sich dann die Perspektive, weil man die Leute langsam kennenlernt. Dann hilft man sich gegenseitig bei kleinen Dingen und wird irgendwann auch mal zum Geburtstag eingeladen. Und es entstehen Freundschaften und Verlässlichkeit, aber das dauert sehr lange. Doch als mein Mann vor ein paar Jahren mal in ein Loch fiel und sich eine Rippe brach, kamen, noch bevor die Feuerwehr da war, schon Nachbarn mit einer Leiter und halfen. Früher habe ich immer gedacht, wenn die Sirene geht oder du siehst, dass ein Krankenwagen kommt, dann gehst du nicht hin. Du willst nicht die Situation und noch weniger die Leute weiter belasten. Aber hier im Ort ist das anders. Da kommt sofort jemand und schaut, ob er helfen kann. Alle wollen auch wissen, was passiert ist. Also schaut jeder aus dem Fenster und fragt sich, wo will der Krankenwagen hin? Das ist ein anderes Leben im Dorf. Ich fand das damals gut und beruhigend. Ich habe da gelernt, dass Neugierde und soziale Kontrolle auch ihre Vorteile haben.

»Ich habe da gelernt, dass Neugierde und soziale Kontrolle auch ihre Vorteile haben.«

Hat das Projekt „Bienen-Garten-Kirche" mehr Gemeinschaft oder mehr Streit gebracht?

Also, ich denke, es hat mehr Gemeinschaft gebracht. Man muss immer erst eine Gemeinschaft haben, in der man streiten kann, und man braucht einen Gegenstand, über den man sich streitet. Streit kann auch produktiv sein, in dem Sinne, dass man einen Konsens finden muss. Man muss sich unterhalten, zusammenarbeiten und die Projekte angehen. Man lernt beim Zusammenarbeiten, was die anderen für Ideen, Wünsche und Visionen haben. Es sind zum Beispiel neue Traditionen entstanden. Jedes Jahr veranstalten wir den Tag des offenen Gartens und den Tag des offenen Denkmals. Und auch als die anfängliche Euphorie abgeklungen war, haben wir das gerne beibehalten, auch nach einigen Jahren noch. Es ist ein gegenseitiges Vertrauen entstanden. Und deshalb sind auch die Leute da, die immer wieder mitmachen.

Wie sieht es bei Ihnen mit Zulauf und Nachwuchs aus?

Es kommen kaum mehr Ehrenamtliche dazu. Es werden überall weniger. Ich war vor einiger Zeit in Ellrich und sprach dort mit Herrn Bischoff über die Schwierigkeit, weitere Helfer zu aktivieren. Er sagte: Dein Ziel muss nicht sein, neue Leute zu finden, weil die findest du nicht. Es kommen keine neuen. Geh mal davon aus, dass du mit den bestehenden Vereinen zusammenzuarbeiten musst. Und ich denke wirklich, darauf wird es auch hinauslaufen. Die „Bienen-Garten-Kirche" ist nicht in einer Vereinsstruktur organisiert – das ist noch klassisch Gemeinde und Kirche. Ich denke, dieses Thema wird uns mehr und mehr in der Kirche beschäftigen, denn es ist ein kleines Dilemma, was man dort hat. Mir sind das Kirchgebäude und das Thema „Bienen-Garten-Kirche" sehr, sehr wichtig. Ich komme am Ende aber nicht richtig voran, da ich zum Beispiel vieles amtlich gar nicht durchsetzen kann, weil ich selbst gar nicht im Gemeindekirchenrat bin. Bei den Sachen, wo ich engagiert bin, an denen ich beteiligt bin, möchte ich eigentlich auch ein Stimmrecht haben, oder sagen wir: einigermaßen Einfluss.

Wäre da ein Verein nicht hilfreich?

Ja, ein Verein bringt eine gewisse Verpflichtung mit sich. Die Verpflichtung nehmen die Leute dann auch ernst. Wenn jetzt ein Verein für das Kirchgebäude beispielsweise für ein Programm darin verantwortlich wäre, dann könnte auch darüber abgestimmt werden, ob etwa die Bretter oben auf der ersten Empore abgebaut werden, weil sie nicht benötigt werden. Es würde abgestimmt, beschlossen und gemacht. Das wäre schon effektiver. Es wäre gut, wenn auch die zwei Veranstaltungen im Jahr, die jetzt eigentlich Tradition geworden sind, auch von diesem Verein als Aufgabe gesehen würden. Aber ob das so wird, das weiß ich nicht. Ich hoffe es.

Das Gespräch führte Jürgen Willinghöfer.

»Es kommen kaum mehr Ehrenamtliche dazu. Es werden überall weniger.«

APOLDA

Der uns tröstet in aller unserer Bedrängnis,
damit wir auch trösten können,
die in allerlei Bedrängnis sind, mit dem Trost,
mit dem wir selber getröstet werden von Gott.

2 Korinther 1,4

Soziokulturelles Zentrum in der Martinskirche

TROST DER ARCHITEKTUR

Ein Mantel, ein Schwert, eine Handreichung. Einiges ist anders bei dieser wohlbekannten Geschichte, als es im ersten Moment erscheint. Als der römische Soldat – als solchen erkennen wir St. Martin auf vielen Darstellungen vornehmlich älteren Datums – in der Winterkälte seines Weges reitet, trifft er auf einen Bettler. Der Krieger teilt mit seinem scharfen Schwert seinen warmen Mantel und reicht das abgetrennte Stück dem Fremden, Frierenden. Da mildert jemand das Martyrium der Armut eines anderen. Nicht selbst ist er also Märtyrer, sondern im Grunde ein Bekenner der wohl zentralsten Botschaft des Neuen Testaments: der Nächstenliebe.

Die Martinskirche in Apolda wurde ursprünglich außerhalb der Stadtmauern, nahe dem Zusammenfluss der Bäche Herressen und Schöten, erbaut. Geologisch liegt sie inmitten einer sogenannten Störungszone. Solche Zonen entstehen durch Bewegungen entlang von Bruchzonen, die durch Spannungen in der Erdkruste verursacht werden. Auf unruhigem Grund gebaut, trotzt die Martinskirche schon einige Jahrhunderte den unterschiedlichen, nicht nur geologischen Verwerfungen. Sie ist eines der ältesten Gebäude der Stadt Apolda, bereits 1119 urkundlich erwähnt. Zur Zeit des aufkommenden gotischen Stils muss die Kirche verändert worden sein; Umbauten und Erweiterungen sind jedoch erst ab 1671 dokumentiert. Eine offizielle Wiedereinweihung nach einer 1683 begonnen Bauphase, in der im Hauptschiff die raumprägenden dreigeschossigen Emporen eingezogen wurden, fand im Jahr 1700 statt.

Als die Strickwarenindustrie Apolda vor 100 Jahren aufblühen ließ, wurde die Martinskirche zu klein und die Gemeinde ließ die neue Lutherkirche im Stile der Neogotik in Backstein bauen. Damit fiel die Martinskirche immer mehr aus der Nutzung. 1925/26 fand ein Umbau zur Abtrennung des Kirchenschiffs statt, wohl damals schon mit der Idee, einen Gemeindesaal und Konfirmandenräume im Saalbau einzurichten und diesen Bereich flexibel zu vermieten. Im Chorraum wurde eine Kapelle mit 100 Plätzen untergebracht, in der auch die verbliebene Ausstattung Raum fand. Ab 1935 wurde das Kirchenschiff als Heimatmuseum genutzt, seit Mitte der sechziger Jahre dann als Kunstgutdepot. Mit der Verlegung des Kunstgutarchives nach Eisenach 2017 stellte sich die Frage nach einer neuen Nutzung.
Die Gemeinde bewarb sich mit der Idee der Einrichtung eines „Sozialkaufhauses" auf den Ideenaufruf der Evangelischen Kirche in Mitteldeutschland und der IBA Thüringen. In mehreren Schritten wurde sie schließlich zum Modellprojekt der IBA ausgewählt. Die Raumanforderungen der in Kooperation mit der Diakonie entwickelten Idee eines Sozialkaufhauses ließen sich jedoch nicht sinnvoll umsetzen und so wurden die Pläne verworfen. Aber die neue Idee eines soziokulturellen Zentrums in Trägerschaft der Gemeinde entstand. Gegenwärtig wird die Kirche nach Entwürfen des Leipziger Architekturbüros Atelier ST umgebaut.

Geplant ist der Ausbau der Emporen sowie der Einbau eines Baukörpers, der auf zwei Etagen beheizbare Räume bietet und dessen Wände mit einer Wabenstruktur aus Holz und Glas Ausblicke in den Kirchenraum erlauben. Im Erdgeschoss soll eine temperierte und wettergeschützte „Plaza" entstehen, die für Ausstellungen, Konzerte und weitere Akteure offen ist. Dieser Raum wird möglichst offengehalten. Auf der Nordseite soll das Portal an den Fußgängerweg angeschlossen werden, sodass ein Durchgang entsteht, der die öffentliche Zugänglichkeit des Raums gewährleisten soll. Soziale Nutzungen, etwa durch das Blaue Kreuz, sollen mit in die neuen Räumlichkeiten ziehen. Darüber hinaus soll die Eingliederungshilfe der Diakonie die Räume im Einbau vormittags nutzen können, ebenso wie die umliegenden Schulen. Auch wenn die gegenwärtigen Planungen nicht mehr so stark diakonisch profiliert sind wie in der ersten Projektidee, könnte sich hier ein interessanter öffentlicher Kristallisationspunkt für Apolda etablieren, der Raum bietet für soziale Angebote. Der Gottesdienstraum hingegen bleibt unverändert im ehemaligen Chorraum der Kirche. Das klingt alles sehr vernünftig, abgewogen und klar formuliert: ein Problem erkannt, die Ratlosigkeit gebannt. Das historisch Aufgeworfene – problema ist meist der im Wege stehende Haufen – kann umgangen oder sogar abgetragen werden, eine Lösung ist parat, es geht weiter.

»Wenn wir wollen, dass sich etwas ändert, muss einiges auch bleiben, wie es ist.«

Hört man die etwas sperrige Bezeichnung des „soziokulturellen Zentrums", das in der Martinskirche entstehen soll, dann können einem zwei Gedanken kommen: Ist das wieder nur eine Leerformel, die für alles und nichts steht? Und: War die Kirche nicht immer schon ein solches Zentrum? Nein und ja! Alles ist, wie oben schon angedeutet, auch hier in Apolda etwas anders. Im Alten steckt schon seit langem das Neue und die vermeintlichen Abwege sind am Ende nur die produktiven Umwege in das, was wir im wahrsten Sinne des Wortes das Herz des christlichen Kosmos nennen würden: die Zugewandtheit zum Nächsten oder kurz, die Nächstenliebe.
Etwas hat sich bereits verschoben und, das ist die Hoffnung, wird sich wieder verschieben. Eine Kirche „in der Nachfolge Christi" soll im Sinne des Grunddienstes der Diakonie ein gebauter Ort „an der Seite der Armen" sein. So ist das soziokulturelle Zentrum, das nun entstehen wird, im besten Sinne eine gebaute Diakonie, eine Architektur des Trostes. Oder, um das berühmte Wort eines fiktiven Fürsten – „Wenn wir wollen, dass alles so bleibt, wie es ist, muss sich alles ändern" – etwas abzuwandeln: Wenn wir wollen, dass sich etwas ändert, muss einiges auch bleiben, wie es ist.

VON HEROEN UND HELFEN

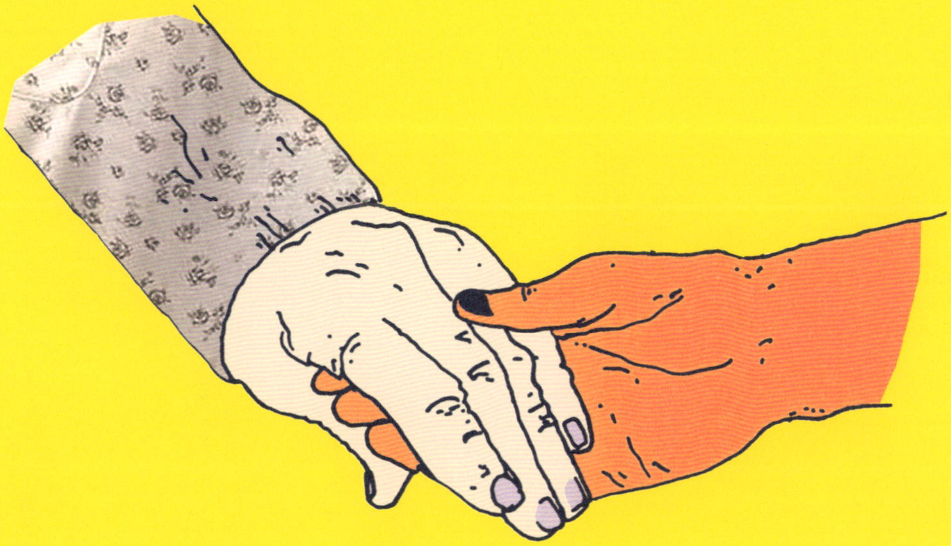

PFF-TSS
WUMM
PFF-TSS
BUMM-TSCH
Bumm-Tsch
UMM
WUB
WUB
TSS TSS TSS
F-TSS
TSS TSS TSS

Ein Gespräch mit der IBA-Projektleiterin

ULRIKE ROTHE ÜBER QUALITÄTS-SICHERUNG

Was bedeutet für Sie architektonische Qualität?

Das hat unterschiedliche Dimensionen. Bei den „Her(r)bergskirchen" Thüringer Wald beispielsweise liegt die Qualität in gut gestalteten Räumen, in die viel Mühe investiert wurde. Sie haben die Kraft, bei den Menschen ein Wohlgefühl zu erzeugen. Es geht darum, Orte zu schaffen, die nicht gleich wie ein Zuhause wirken, nicht wie das eigene Wohnzimmer, das da verwirklicht wird, die aber dennoch eine besondere Atmosphäre haben. Qualität bedeutet auch, eine Vorstellung von Nachhaltigkeit in der Ästhetik zu haben. Es geht mir nicht nur darum, etwas „Schönes" zu schaffen, sondern darum, langlebige und nachhaltige Lösungen baulich wie sozial zu finden. Das erfordert nicht nur einen qualifizierten Planungsprozess mit interdisziplinärem Ansatz, sondern auch die frühzeitige Einbindung der Nutzer. Bevor mit der Umsetzung begonnen wird, muss ich klären, was erreicht werden soll. Die sogenannte Leistungsphase Null ist hierbei von großer Bedeutung. Dadurch kann man sicherstellen, dass die Transformation fokussiert voranschreitet und nicht in Beliebigkeit endet. Wir brauchen hierfür keine „Stararchitekten", aber wirkliche Profis in den Prozessen, egal ob das die Architektin, der Handwerker oder ein guter Kommunikationsdesigner ist. Ich merke immer sehr schnell, wenn Profis miteinander arbeiten und durch eine gute Kommunikation ein Vertrauen untereinander entsteht. Dann habe ich auch das Vertrauen, dass das gemeinsame Vorhaben insgesamt gut wird. Jetzt noch etwas Persönliches: Qualität zeigt sich, wenn die Leute den Prozess auch weiterführen. Dann wird sich darum gesorgt, dass ein schöner Blumenstrauß aufgestellt wird oder eine Kerze. Es wird eben nicht angefangen, wieder *irgendwas* zu machen, sondern man achtet genau darauf, dass es passt. Man geht sorgsam mit dem Neuen um.

»Qualität bedeutet auch, eine Vorstellung von Nachhaltigkeit in der Ästhetik zu haben.«

Warum ist Qualität bei der Transformation von Kirchen so besonders wichtig?

Ich möchte nun nicht mit der „Ehre Gottes" kommen, aber Kirchen sind sehr besondere Gebäude, denn in diesen Räumen passieren entscheidende und emotionale Momente, wie Eheschließungen oder der Abschied von einem geliebten Menschen. Manchmal werden im Zwiegespräch die wichtigen, essenziellen und auch letzten Fragen verhandelt. Diese Räume müssen einer hohen Emotionalität standhalten und sind typologisch deshalb so besonders. Viele Kirchen, besonders in Thüringen, stehen unter Denkmalschutz, was bedeutet, dass sie ein gewisses Alter und eine reiche Kulturgeschichte haben. Das erfordert besondere Verhandlungen im Hinblick auf die Baukulturqualitäten, da man eine 500 Jahre alte Kapelle nicht einfach in ein Wohnhaus umbauen kann. Umnutzung oder Nutzungserweiterung von Kirchen ist trotzdem oft die beste Form der Denkmalpflege, da sie dazu beiträgt, die Gebäude wieder in den Gebrauch zu bringen und ihren Wert zu erhalten. Aber: Kirchenumbauten erfordern auch die Berücksichtigung moderner bautechnischer und formaler Anforderungen, zum Beispiel der Notwendigkeit eines zweiten Fluchtwegs bei neuer Nutzung als Veranstaltungsstätte. Das alles unter einen Hut zu bringen, erfordert schon Ausdauer und Erfahrung.

Welche Rolle spielt Vertrauen in solchen Projekten?

In solchen Transformationsprozessen und unter Einbeziehung oft ganzer Gemeinden ist ein stabiles Vertrauensverhältnis zwischen den verschiedenen Akteuren entscheidend für den Erfolg. Wenn ein solches Verhältnis von Anfang an besteht oder gemeinsam aufgebaut wird, trägt das maßgeblich zur Akzeptanz und zum Gelingen des Projekts bei. Auch bedarf es eines besonderen Vertrauens in die Kompetenz der beteiligten Fachleute wie Architekten, Landschaftsarchitekten und Kommunikationsdesigner. Wenn die Projektträger merken, dass sie gute Profis an ihrer Seite haben, entsteht ein Vertrauen, dass das Projekt gut wird. Umgekehrt kann ein Mangel an Vertrauen in die Expertise zu Unsicherheit und letztendlich zu schlechteren Ergebnissen führen. Eine vertrauensvolle Zusammenarbeit ermöglicht es, Zweifel offen anzusprechen und gemeinsam auszuräumen. Das fördert eine konstruktive und zielorientierte Arbeitsweise, bei der alle Beteiligten an einem Strang ziehen. Ich sehe mich da als professionelle „Kontextualisiererin“, die behutsam und mühsam einen langen Gesprächsfaden entwickelt und letztlich auf das ständige „Strammhalten“ dieses Fadens achtet.

»Eine vertrauensvolle Zusammenarbeit ermöglicht es, Zweifel offen anzusprechen und gemeinsam auszuräumen.«

Da kommt Ihnen Ihre langjährige Erfahrung zugute?

Ja, ich habe mittlerweile 25 Jahre IBA-Erfahrung. Ich glaube zum Beispiel an den guten Ort, klug aufgesetzte Prozesse und an respektvolle Zusammenarbeit auf Augenhöhe. Man muss in Diskussionen immer auch einiges aushalten und nicht einfach nur denken, ach, ist der jetzt blöd, der begreift es gar nicht, dass das Sofa zum Beispiel da nicht hingehört. Nein, man muss sich anhören wollen, warum er oder sie auf die Idee kommt, aber auch zugleich ruhig für die andere Option argumentieren. Es gibt immer unterschiedliche Bedürfnisse oder Blockaden, doch müssen wir schauen, wie wir da gemeinsam weitergehen können. Interessant ist, dass bei Kirchen, die schon länger leerstehen, die Möglichkeiten für Transformation von allen Seiten größer sind. Wenn eine Kirche noch in Benutzung ist, wird stärker um den Status quo gekämpft, da ist der Prozess oft langwieriger. Wenn der Raum erst einmal leergestanden hat und ein bisschen aus der Erinnerung heraus ist, dann ist vielleicht auch der Möglichkeitsraum größer. Die Martinskirche in Apolda wäre da für mich ein Beispiel. Die wurde ja lange Jahre nur noch als Depot genutzt. Ich habe oft darüber nachgedacht, ob eine Kirche erst so ein Stück weit aufgegeben sein muss, damit wieder richtig was passieren kann. Und überhaupt war die Zusammenarbeit in Apolda großartig. Wir haben alles miteinander ausgekämpft. Wir haben uns mit all unseren Zweifeln getroffen, entweder online oder vor Ort, und haben wirklich alles auf den Tisch gelegt. Und wir haben immer versucht, nach vorne zu schauen, Schritt für Schritt. Was wir einmal beschlossen hatten, wurde auch nicht wieder zurückgenommen, sondern allen war klar: Wir gehen, bei allem Zweifel, so weiter vorwärts.

Das Gespräch führte Jürgen Willinghöfer.

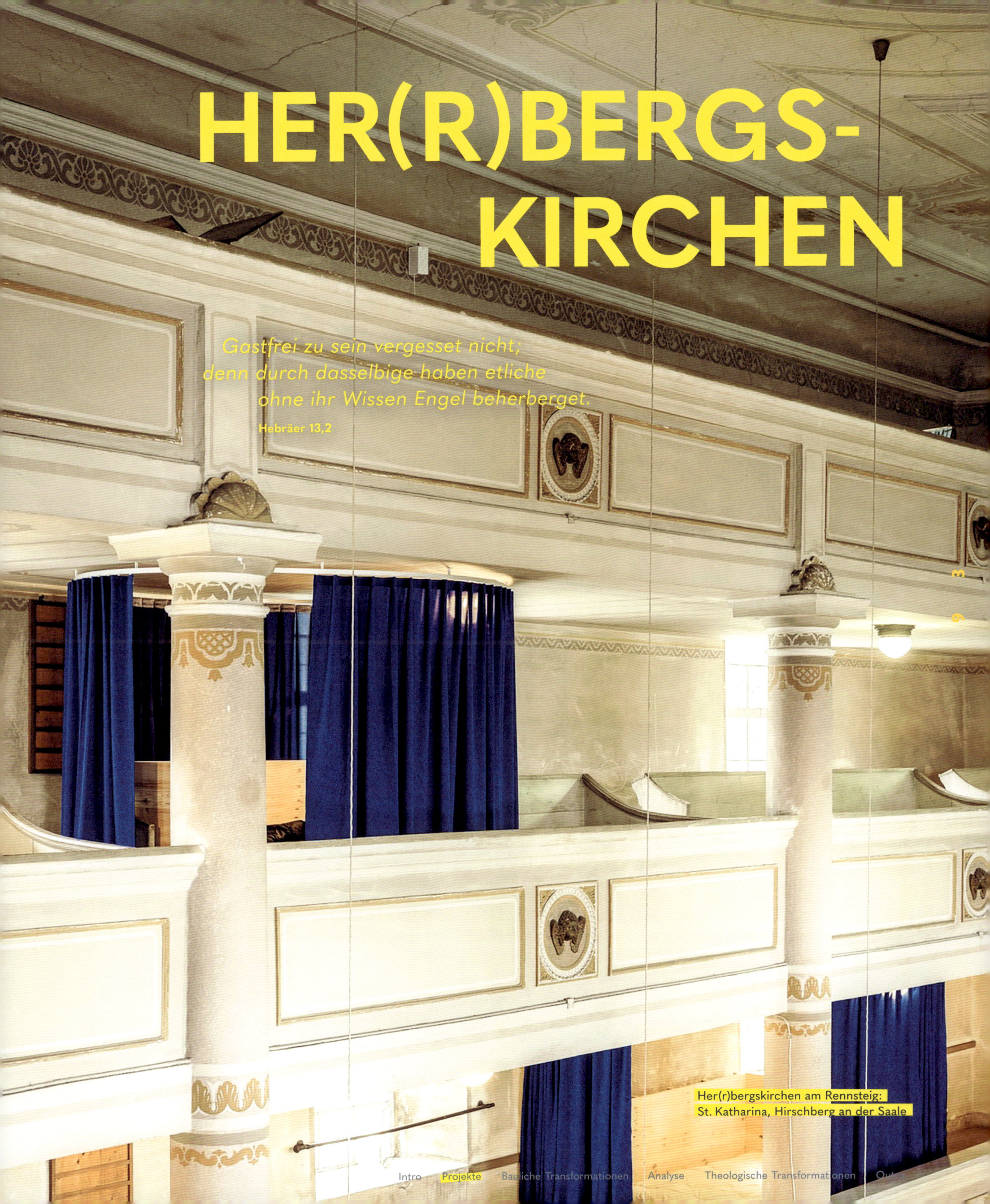

HER(R)BERGS-KIRCHEN

*Gastfrei zu sein vergesset nicht;
denn durch dasselbige haben etliche
ohne ihr Wissen Engel beherberget.*

Hebräer 13,2

Her(r)bergskirchen am Rennsteig:
St. Katharina, Hirschberg an der Saale

Her(r)bergskirchen am Rennsteig:
Michaeliskirche, Neustadt a. R.
Matthäuskirche, Spechtsbrunn
Lutherkirche, Tambach-Dietharz

PROVINZ-WANDERUNGEN

Wanderer, kommst Du nach Spechtsbrunn, dann sei dir gewiss: Von Hörschel kommend hast du fast drei Viertel deines Weges schon hinter dir, und dennoch wartet nun die längste, wenn auch etwas flachere Strecke auf dich, so denn dein Ziel das an der thüringisch-bayerischen Grenze gelegene Hirschberg ist. Den Rennsteig, könnte man frank und frei behaupten, kann man endlich wieder entlangpilgern. Und wirklich, es ist eine wahre Peregrinatio religiosa, im Grunde noch mehr als wir es von bekannten jakobinischen Wegen kennen. Von Luther über Michaelis und Matthäus zu Katharina führt diese Wallfahrt, von Tambach-Dietharz über Neustadt und Spechtsbrunn nach Hirschberg – oder wahlweise vice versa –, über den historischen Kamm- und Grenzweg, den Rennsteig. Dort stehen den Wanderern (und natürlich auch den Radfahrern) auf ihrem Pilgerweg nun endlich die nötigen Herbergen zur Verfügung. Es sind keine gewöhnlichen Unterbringungsformen, wie man sie aus Spanien und Frankreich kennt, wo die Jakobsmuschel immer wieder die Hoffnung macht: Gleich gibt's ein Bett, endlich geschafft. Auf dem Rennsteig sind es in unbeheizten Kirchen sparsam, aber wunderschön eingerichtete Schlafstätten.
Ein Kirchenältester und ein junger Architekt mit thüringischen Wurzeln – diese beiden waren der Ausgangspunkt einer Erfolgsgeschichte, die sich so wohl keiner hat ausmalen können. Die simple, kluge Idee: Kirchen, in denen übernachtet werden kann. Damit wurden gleich zwei Herausforderungen angepackt. Ein Zuviel (an Kirchen) wurde mit einem Zuwenig (an Übernachtungsmöglichkeiten) zusammengeführt und in eine neue Balance gebracht; chemisch würde man wohl von einer Diffusion sprechen. Über

»Denn auch die baulichen Wege des Herren sind zwar unergründlich, aber durchaus nützlich.«

die inzwischen mehr als 5 Jahre, in denen sich das Projekt von anfänglich einer Kirche in Neustadt zu satten vieren entwickelt hat, ist eine ganz eigene Routine der Gastfreundschaft entstanden. Erst das Weite, so könnte man sagen, hat das Nahe zum Leben erweckt. Erst durch den mutigen Einfall, eine große, digitale Vermittlungsplattform zu nutzen, wurde es möglich, dass Australier mit Neustädtern, dass Spanier mit Hirschbergern beim Morgenkaffe zusammensitzen.

Mittlerweile gibt es neben der Vorreiterkirche in Neustadt drei weitere Her(r)bergskirchen am Rennsteig. Jede ist individuell. Mal ist das Herbergszimmer im Turm, mal kann sich der Gast eine bereitgestellte Liege an einem beliebigen Schlafort in der Kirche aufstellen, mal findet sich ein Einzel- oder Doppelbett auf der Empore. Alle Orte verbindend ist der blaue Vorhang, der die Schlafstätten vom sonstigen Kirchraum abschirmt und umgekehrt. Doch das Gefühl, in einem besonderen Raum zu nächtigen, bleibt. Allen Her(r)bergskirchen gemeinsam ist auch der baulich äußerst geringe Aufwand. Die Schlafmöglichkeiten sind minimal invasiv und entfalten doch große Wirkung, denn sie verändern, wie die Gemeinde in der Kirche ihren Gottesdienst feiert. Die Gäste bleiben, auch wenn sie ihr Lager pünktlich zur sonntagmorgendlichen Messe räumen, präsent. Und auch andersherum: Kirche und Gemeinde bleiben den Wanderern auch nach ihrem Aufbruch in den Gliedern, im Ohr wie im Geist nachhaltig in Erinnerung, denn so ein Erlebnis vergisst sich so schnell nicht. So entstehen immer wieder neue soziale Formen aus Fremden und Einheimischen unter dem Dach der Kirche. Die in Gastfreundschaft Aufgenommenen, so könnte man sagen, werden zu temporären Gemeindegliedern. Das klingt vielleicht etwas gewollt oder theoretisch hochgegriffen. Dennoch versammeln sich in diesem nun eingespielten Format alle vier, ja sogar fünf Grunddienste: die Martyria oder Verkündigung in der Möglichkeit, an der gemeinsamen Messe teilzunehmen – und damit auch die Liturgia –, die Diakonia oder der Dienst am Nächsten durch die Gastfreundschaft und sodann die Koinonia, also die Gemeinschaft durch Teilhabe, die allen Wanderern geboten wird. Und der neueste der Grunddienste, die Bewahrung der Schöpfung, bildet vielleicht das Grundmotiv der Reisenden wie auch der Gastgebenden, die mit einfachsten Mitteln die Natur bewundern und durchschreiten beziehungsweise dieses bewundernde Durchschreiten ermöglichen. Also nochmal: Wirkt hier nicht die starke Kraft von Gemeinde?

Die Kirchen sind mittlerweile in den Monaten April bis Oktober größtenteils ausgebucht. Gäste kommen aus der ganzen Welt und die Eintragungen im Gästebuch sprechen von großer Dankbarkeit für dieses besondere Schlaferlebnis. Die Einnahmen decken inzwischen die Kosten und helfen, die Kirche zu erhalten.

Vielleicht ist eine alte Hoffnung nun wieder Pate eines neuerlichen Wunsches: 1856 lasen die Neustädter in der Dorfzeitung anlässlich der Wiedererrichtung ihrer baufällig geratenen Kirche: „Wir bauen aber voll Vertrauen diese Mauern und hoffen, dass Gott, in dessen Namen wir den Anfang gemacht haben, auch den Fortgang segnen werde." Der aktuelle Fortgang ist den Wanderern, die den Rennsteig erkunden, eine gemäße Form. Dass die Kirchen nun selbst wieder Orte des fortschreitenden Wandels werden, ist womöglich auch einer impliziten baulichen Vielfältigkeit geschuldet. Denn auch die baulichen Wege des Herren – oder wie will man die List nennen, im vermeintlich Vergangenen, Alten eine mögliche Lösung für Kommendes zu verstecken? – sind zwar unergründlich, aber durchaus nützlich.

VOM WANDERN UND WUNDERN

CHARLEVILLE

R

Ist Ruh,
In allen Wipfeln
Spürest

Ein Gespräch mit dem Architekten und Stadtforscher

HANNES LANGGUTH ÜBERS PROBIEREN

Was genau ist eine „Her(r)bergskirche"?

Eine Her(r)bergskirche ist die Idee, eine besondere touristische mit einer neuen kirchlichen Nutzung zu verbinden. Das heißt auf der einen Seite, dass man in diesen Kirchen in ganz ortsspezifischen und individuellen Ausbauten, die wir als Architekturbüro vor Ort maßgeschneidert gestaltet haben, übernachten kann. Auf der anderen Seite finden im Rahmen der Her(r)bergskirche verschiedene Veranstaltungen statt, bei denen regelmäßig Menschen aus der Gemeinde und aus der Umgebung zusammenkommen. Diese Mischung macht neugierig, den Ort zu besuchen. Es kommen Leute aus ganz Deutschland, aber mittlerweile auch aus ganz Europa und weltweit in den Thüringer Wald, um diese besondere Übernachtungsgelegenheit auszuprobieren, aber auch um zu sehen, wie das umgesetzt und wie das gestaltet wurde. Diese Besucher, das haben wir auch in einer Umfrage zum Projekt festgestellt, kommen zum größten Teil zum ersten Mal in den Thüringer Wald. Deswegen sehen wir dieses Projekt auch als Türöffner für die gesamte Region. Dann gibt es noch die kirchliche Perspektive. Die besteht darin, dass man sich auf die kreative Öffnung des Kirchenraums einlässt, neue weltliche Nutzungen zulässt und neue Formen der Begegnung schafft. Temporäre Gemeinschaften entstehen so durch das Aufeinandertreffen und Kennenlernen der überregionalen Gäste mit den Leuten vor Ort, aber auch durch die begleitenden, wiederkehrenden Veranstaltungsformate. Aus diesem Grund ist eine Her(r)bergskirche in unseren Augen eine Herberge im doppelten Sinne: Das Konzept dreht sich eben nicht nur um das Beherbergen von Gästen, sondern auch um das Beherbergen von Veranstaltungen und um ein alltägliches Zusammentreffen und in der Konsequenz um das Ermöglichen und Beherbergen von Gemeinschaft.

Haben Sie, gebürtig aus dem Thüringer Wald stammend, durch die Arbeit eine neue Sicht auf Ihre Heimat bekommen?

Das natürlich auch! Da ist so eine eigene, individuelle Erfahrung mit dem Projekt, die ich natürlich nicht abstreiten kann. Für mich ist es schon eine Auseinandersetzung mit meiner eigenen Herkunft, damit, wie ich diese Räume von früher kenne, wie sie sich entwickelt haben. Und es war natürlich auch eine grundlegende Motivation des Projekts, dass es im Thüringer Wald ein dürftiges touristisches Angebot gibt. Nach meiner Erfahrung wird durchaus von vielen Gästen bemängelt, dass man weder gute Unterkünfte noch gastronomische Einrichtungen entlang des Rennsteigs findet. Dem steht nun die Idee der Her(r)bergskirchen entgegen – also die Idee, eine reichlich vorhandene und größtenteils ungenutzt Ressource, nämlich die des Kirchenraums, für ein neues touristisches Angebot einzusetzen.

Wie kann man solche Projekte erfolgreich machen?

Menschen lassen sich, davon bin ich überzeugt, für die Orte und für diese Nutzung begeistern. Wenn es gelingt, eine Art neue Identifikation mit diesen Orten zu schaffen, dann werden Menschen ganz unterschiedliche und individuelle Motivationen entwickeln, sich dort aufzuhalten. Im Weiteren begegnen sie dadurch neuen Menschen, setzen sich mit dem Raum auseinander, entwickeln ihn weiter, pflegen ihn und kümmern sich um das Alltägliche vor Ort. Aus diesem Grund ist es umso wichtiger, die Akteure hinter diesem Projekt an den einzelnen Stationen entlang des Rennsteigs auch zu zeigen. Also die Menschen, die Großes im Alltag für das Projekt leisten. Man muss, gerade auch in der Kommunikation nach außen, diese Gastgeber in den Mittelpunkt stellen. Aber bis eine Idee wirklich verhandelt und vor Ort weiterentwickelt ist, dauert es häufig Jahre. Auch das ist etwas Besonderes an diesem Projekt, dass es nicht in einem Arbeitskreis

»Aber bis eine Idee wirklich verhandelt und vor Ort weiterentwickelt ist, dauert es häufig Jahre.«

oder in einer Ideenwoche oder in einem Bauworkshop gemacht wurde, sondern durch ständiges Wiederkehren, bis das notwendige Vertrauen zwischen den involvierten Personen entstanden war. Mit den ortsspezifischen Akteuren das Projekt sukzessive aufzubauen, mit ihnen den gemeinsamen Weg zu gehen und sich das Vertrauen gegenseitig zu schenken, das war wichtig. Von daher war das Projekt nie ein Selbstläufer. Die funktionierenden Gemeinden haben sich am Ende auch dadurch herauskristallisiert, dass bei ihnen die geeignetste Akteurskonstellation vorhanden war.

Haben Sie selbst schon mal in einer Her(r)bergskirche geschlafen?

Ja, und zwar in allen vier. Das war immens wichtig für uns und für den Prozess. Am Anfang, wenn wir eine Kirche kennengelernt haben und die Akteure dahinter, haben wir vor Ort erst einmal übernachtet. Wir mussten selbst diesen Raum erproben, versuchen zu verstehen, wie er tickt. Also: Was ist das Besondere an diesem Kirchenraum? Es war uns wichtig herauszubekommen, wie die Atmosphäre ist, um diese dann mit kleinen architektonischen Eingriffen zu übersetzen und zu verstärken. Um die Orte zu erforschen, haben wir teilweise unser Zelt auf der Empore aufgeschlagen oder irgendwo auf einer Luftmatratze im Kirchenschiff geschlafen. All das war Teil des Entwicklungsprozesses.

Was passiert eigentlich, wenn eine Mehrfachnutzung entwickelt wird?

Neue Formen von Kirche verändern auch immer die, die schon drin sind im „Club“. Es braucht die Bereitschaft der Menschen, die schon Teil sind von Kirche, sich selbst wirklich zu verändern, nicht nur die Veränderung abstrakt zu wollen. Das sagt sich immer so leicht. Aber durch eine Raum- oder Nutzungsänderung die eigenen Gewohnheiten tatsächlich verändern zu lassen, das ist nicht ganz einfach und muss eingeübt werden. Es gibt immer nur einen Teil der Akteure, die wirklich dazu bereit sind. Wir müssen uns alle in so einem Prozess verändern. Auch wir als Architekten müssen uns hinterfragen, wie wir im Raum vorgehen, mit welcher Gestaltungsidee, mit welchem Entwicklungsansatz. Es geht um gegenseitige Rücksichtnahme in einem gemeinsamen Entwicklungsprozess. Da gibt es nach unseren Erfahrungen auch immer Menschen, die das nicht mitmachen. Wir haben zum Beispiel auch Kirchenaustritte provoziert. Auch das ist Teil der Wahrheit. Solange aber die Mehrheit der Gemeinschaft ein Projekt trägt und von der Idee überzeugt ist, halten wir an dem jeweiligen Projekt fest. So gab es eben auch zwei Orte auf dem Weg, wo wir von der Projektumsetzung zurückgetreten sind, weil wir nicht geglaubt haben, dass es dort gelingen wird.

»Ich glaube, all das hat angeregt, neue Formen des ›Zusammen‹ zu generieren, erfahrbar zu machen und zu wiederholen.«

Hat sich das Dorfleben durch die Projekte verändert?

Ob sich das ganze Dorf- oder Stadtleben verändert? Da wäre ich vorsichtig. Aber was sich auf jeden Fall verändert, ist der Bezug zum Kirchenraum und die Art der Gemeinschaft vor Ort. Es entstehen neue Formen von Gemeinschaft über die traditionelle Kirchengemeinde hinaus. Während es vorher alle drei, vier Wochen mal Gottesdienst und andere kirchliche Veranstaltungen gab, bei denen man zusammenkam, sind mittlerweile andere Veranstaltungen dazugekommen. Das können Konzerte sein, wie sie in Neustadt am Rennsteig beispielsweise oft stattfinden. Wir haben dort auch eine kleine Außenbühne erstellt im Pfarrgarten, auf der im Sommer Konzertreihen stattfinden. Oder Ausstellungen, wie sie in Tambach-Dietharz stattgefunden haben, weil dort das Interesse groß war, vom örtlichen Kunstverein mit regionalen Künstlern eine Ausstellungsreihe zu machen. Ich glaube, all das hat angeregt, neue Formen des „Zusammen" zu generieren, erfahrbar zu machen und zu wiederholen. Mir wurde gespiegelt, dass sich die Kommunikationsfrequenz enorm erhöht hat und darüber hinaus sogar Freundschaften entstanden sind zwischen den Leuten, die das Ganze betreuen, aber auch mit den neuen Gästen, die teilweise sogar wiederkommen. Menschen begegnen sich, die sich sonst nicht begegnen würden. Ein Beispiel: Wir haben mit einer örtlichen Schneiderin zusammengearbeitet, die die königsblauen Vorhänge für die Her(r)bergen geschneidert hat. Und die hatte eigentlich vorher gar nichts mit Kirche am Hut gehabt, eher im Gegenteil. Sie ist aber zufälligerweise die Nachbarin der Kirche in Neustadt am Rennsteig und ist jetzt diejenige, die im Alltag in die Kirche geht, schaut, dass der Vorhang richtig hängt, teilweise auch Gäste begrüßt, sich freut, wenn da neue Leute sind, mit denen sie ins Gespräch kommt und so ihre ganz eigene, neue Identifikation mit diesem Ort entwickelt hat.

Das Gespräch führte Aline Ott.

BAULICHE TRANS- FORMATIONEN

112

WAS BLEIBT DENN NOCH?– AUF DIE NEUANFÄNGE!

Ein Gespräch mit Elke Bergt über ein riskantes Projekt

»Viele Ideen kommen von außen.«

Die Evangelische Kirche in Mitteldeutschland wird immer als „steinreich" betitelt, also alles gut?

Steinreich, der Ausspruch stammt von unserem Altbischof Axel Noack. Er meinte reich an Steinen, nicht so sehr an Geld. Wir haben fast 4000 Kirchen; das ist schon außergewöhnlich. Auf dem Gebiet der Evangelischen Kirche Mitteldeutschlands (EKM) stehen ungefähr 20 Prozent aller evangelischen Kirchen in Deutschland. Wir haben ein unglaublich dichtes Netz an kirchlichen Gebäuden, über Jahrhunderte gewachsen. Und das sind für heutige Bedingungen, nüchtern betrachtet, zu viele. Unter diesen Gebäuden sind auch viele Kirchen. Und da man Kirchen nicht wie manches überzählige Pfarrhaus einfach mal verkauft, haben wir nach anderen Möglichkeiten geschaut. Dass es dabei vor allem um eine gemeinschaftliche und möglichst öffentlich zugängliche Nutzung geht, liegt in der Geschichte begründet. Kirchen sind schon immer nicht nur Orte des Gottesdienstes, sondern auch Treffpunkte, Schutzorte und Zentren der Kultur gewesen. Sie sind nicht nur für die kleine, gläubige Gemeinde, sondern für eine große Gemeinschaft gebaut. Das sieht man häufig an den für kleine Dörfer doch recht beachtlichen Dimensionen. Auch Besucher und Bewohner dieser Orte haben – so unser Ansatz – ein berechtigtes Interesse daran, die Kirchen (mit) zu nutzen. Mit unserem Projekt „500 Kirchen – 500 Ideen" wollten wir zum einen Kirchengemeinden ermutigen, ihre Kirche als gemeinschaftlichen Ort zu öffnen. Zum anderen wollten wir nichtkirchliche Akteure gewinnen, um Kirchen wieder zu Orten der ganzen Gesellschaft zu machen. Ich schaue gern zurück, wie wir in dieses Projekt 2014 mit der IBA Thüringen gestartet sind. Da hatten wir statt eines Lösungsvorschlags viele Fragen und die Feststellung, dass die Dörfer mit dem Verlust von Kneipe, Konsum, Schule, Verwaltung und dann auch noch der Kirche ihr Zentrum verlieren, ihren Mittelpunkt. Was bleibt dann noch an öffentlichen Räumen? Und wäre es nicht sinnvoll, die Kirchen als eben dieses gemeinschaftliche Zentrum zu gestalten und zu nutzen?

Wie können Kirchen wieder in das Leben der Gemeinden integriert werden?

2016/17 haben wir den Ideenaufruf „500 Ideen für 500 Kirchen" gestartet. Die eingereichten Ideen haben insbesondere widergespiegelt, dass Alltagsfunktionen in Kirchen helfen können. Am besten sollten sie sogar schon vor der Kirche beginnen, um klarzumachen: Wir sind nicht irgendetwas Abgekapseltes, sondern Teil der Dorf- oder Stadtgemeinschaft. Bei den schließlich zu Modellprojekten gewordenen Ideen sind das Funktionen wie das Übernachten in der Kirche oder das Kümmern um die Bienen oder das Netzwerken. Aber genauso gut könnte ich mir vorstellen, dass in der Kirche eine Backstation eingerichtet wird oder eine Paketabholstation. Es wäre schön, wenn dann jemand da ist, der mit den Leuten ins Gespräch kommt.

Gibt es Herausforderungen, die Gemeinden dabei überwinden müssen?

Ich habe das Gefühl, den Gemeinden selbst fällt es eher schwer, bei ihren Kirchengebäuden auch mal richtig mutig zu sein. Häufig müssen wir immer wieder „anschieben". Viele Ideen kommen von außen. Vielleicht ist die Not noch nicht so groß. Oder es fehlt der Optimismus, dass etwas Neues gelingen kann. Nicht selten mangelt es an Kraft und Mut. Dass man neue Wege geht, ist eine Aufgabe, die noch auf die Vielzahl der sonstigen Aufgaben obendrauf kommt. Aber ich glaube, wir können gemeinsam gute Lösungen schaffen. Gute „Motoren" sind zum Beispiel die Kirchbauvereine. Ursprünglich zur Rettung von Kirchen gegründet, richten viele ihren Fokus nun darauf, die Kirchen auch inhaltlich zu beleben, was die Gemeinschaft bereichert. An unserer Arbeit im Landeskirchenamt der EKM schätze ich, dass wir die Gebäude nicht als Konkurrenz zur Gemeindearbeit sehen, sondern als Schatz und Chance, und dass wir versuchen, beide Aspekte miteinander zu verbinden.

Also doch ein Schatz?

Wir haben, wenn ich so schaue, einen besonderen Bestand an Kirchen. Es gibt hier fast keine Nachkriegskirche. Fast alle Kirchen (98 Prozent) stehen unter Denkmalschutz und sind Räume, die im Laufe von Jahrhunderten entstanden sind. Sie atmen Geschichte und geistliches Leben. Wenn sie in so einen Raum eintreten, macht das etwas mit Menschen. Und genau das macht diese Räume so besonders. Ich habe die Theorie, dass dieser

20

% der rund 4000 evangelischen Kirchen Deutschlands stehen im Gebiet der Evangelischen Kirche Mitteldeutschlands (geschätzter Wert).

„Zauber" verloren geht, wenn wir Kirchen komplett umnutzen, also abgeben an einen Barbetreiber beispielsweise. Dann würden sie schnell ihre Besonderheit verlieren. Wenn aber trotz Zusatznutzung etwas vom Gemeindeleben spürbar bleibt, kann das Besondere, die Jahrhunderte alte Geschichte, weiterleben. Das erleben wir auch bei unseren Projekten.

Welche Rolle spielt dabei die Quernutzung?

Quernutzung, also Nutzung mit anderen zusammen, kann helfen, wenig oder nicht mehr genutzte Kirchen zu erhalten. Das klappt dort gut, wo wir von Anfang an versucht haben, uns nicht nur auf die Kirchengemeinde zu konzentrieren, sondern andere Akteure mit ins Boot geholt haben. Solch eine Herangehensweise fordert beide Seiten. Zum einen muss man dem Dorf oder der Stadt klarmachen: Da gibt es einen öffentlichen Raum „Kirche". Zum anderen heißt es aber für die Gemeinden auch, dass sie ein Stückchen loslassen müssen. Nehmen wir das Beispiel Krobitz. Dort wurde in der St.-Anna-Kapelle die Feuerorgel des Künstlers Carsten Nicolai aufgestellt. Das hätte die Kirchengemeinde von sich aus sicherlich nie gemacht. Es brauchte den Anstoß, die Idee. Auf der anderen Seite lebt das Projekt auf Dauer davon, dass die Dorfgemeinschaft das bewerkstelligt, die Kirche aufschließt, das Instrument pflegt und sich dort auch trifft, zum Beispiel, um an Silvester anzustoßen. Genauso ist das in den Her(r)bergskirchen. Dort haben die Kirchengemeinden Vertrauen, dass respektvoll mit dem Raum umgegangen wird. Die Erfahrung bestätigt: Die, die da kommen, also im Grunde wildfremde Leute aus der ganzen Welt, oft ohne kirchlichen Hintergrund, suchen das besondere Übernachtungserlebnis im Thüringer Wald und sind dankbar dafür. Da ist noch nie was passiert. Es heißt für beide Seiten: offen sein, Vertrauen haben und ja, ein bisschen Mut. Man kann nicht alles absichern, auch wenn das unserer Mentalität entspricht. Fragen nach Versicherung, Vandalismus und Diebstahl blockieren oft das freie Denken und Ausprobieren. Das ist ein bisschen schade. Da wünsche ich mir mehr Mut und Lust. Auch eine Erfahrung aus dem Projekt: Ausprobieren muss Freude machen, sonst wird es nichts.

98

% der Kirchen stehen unter Denkmalschutz.

Wie steht es um den Denkmalschutz bei solchen Projekten?

Beim Ausprobieren geraten wir schnell mal an eine Grenze, wenn das Gebäude ein hochwertiges Denkmal ist. Dass Denkmalbehörden zunächst stoppen, haben wir in unseren Projekten auch erlebt. Aber es ist ganz wichtig, dass wir da immer im Austausch und Gespräch bleiben. Das funktioniert mal gut und mal weniger gut. Aber im Grunde ist der Erhalt der Denkmäler nur durch Nutzung möglich, weil wir uns sonst eingestehen müssten, dass wir sie nicht mehr brauchen. Wir brauchen kein Museum, sondern wir brauchen lebendige Orte und das bedeutet auch Veränderung. Das hat es über die ganzen Jahrhunderte immer gegeben, auch wenn man das heute gern vergisst. Was wir haben, ist nicht alles, was es je gab. Es ist das, was die Zeiten überdauert hat. Damit müssen wir umgehen und mir macht das Freude und Spaß. Ich hoffe, dass ich das den Gemeinden, mit denen ich zu tun habe, auch ein wenig vermitteln kann. Sie dürfen sich trauen und im Grunde haben wir auch nichts zu verlieren haben, wenn wir mutig sind.

»Das funktioniert mal gut und mal weniger gut.«

Reicht da Mut allein noch?

Allein nicht. Es braucht immer wieder Impulse, weiterzumachen. Wenn dieses Samenkorn nicht auf fruchtbaren Boden fällt, muss man irgendwann sagen, okay, dann nicht hier. Oder vielleicht erst in ein paar Jahren, wenn die Leute Lust und Kraft haben, etwas zu versuchen. Man muss einfach hartnäckig dranbleiben. Im gemeinsamen Nachdenken über die Optionen entstehen immer Ideen oder Dinge, die man sich für die eigene Kirche wünscht. Ein Schlüsselwunsch sind Toiletten und eine Möglichkeit, mal einen Tee oder Kaffee zu kochen. Das werden wir hoffentlich bald in ganz vielen Kirchen haben. Es sind Grundbedürfnisse, die gehören dazu, und natürlich muss das auch in wunderbar gewachsenen historischen Räumen möglich sein. Dass es gute und kreative Lösungen gibt, haben wir schon bewiesen.
Trotzdem lösen wir das Problem zu vieler Kirchen damit nicht in Gänze. So manche Kirche wird trotzdem zum Problem werden und die zuständigen Gemeinden überfordern. Deshalb spielen sogenannte Gebäudekonzeptionen, an denen wir jetzt intensiv arbeiten, eine immer wichtigere Rolle. Das heißt, es wird priorisiert werden und nicht mehr in der Breite überall das Gleiche möglich sein. Der Fokus liegt dabei zuerst auf dem, was wir wirklich dringend für den Gemeindealltag brauchen. Diese Räume müssen wir gut gestalten, damit man sich dort wohlfühlt. Dann gibt es Kirchen, bei denen wir – wie bereits beschrieben – andere Partner mit ins Boot bekommen. Zunehmend gibt es aber Orte, wo uns die Kümmerer verloren gehen. Hier stellt sich die Frage: „Überwintern"? In dieser Hinsicht zeigt sich ein Vorteil unserer mittelalterlichen Kirchen: Einen Betonbau kann ich nicht einfach mal 50 oder 100 Jahre stehen lassen. Dann ist er echt eine Gefahr für seine Umwelt. Unsere Backstein- und Natursteinkirchen haben schon zu DDR-Zeiten bewiesen, dass sie durchaus mal 40 Jahre auf sich allein gestellt durchhalten können. Wenn man dafür sorgt, dass das Dach dicht ist und ein bisschen Pflege abgesichert wird, halten die Gebäude das aus. Vielleicht sollte man da wirklich gar nicht so ängstlich sein.

Die Evangelische Kirche in Mitteldeutschland scheint deutschlandweit Vorreiter in der Entwicklung neuer Konzepte für den Umgang mit Kirchengebäuden zu sein, wie kommt das?

Weil es uns schon lange an Geld und Menschen fehlt, sind wir vielleicht etwas weiter als andere Landeskirchen. Dieses Wissen teilen wir gern. Mit unseren Erprobungsräumen und Modellvorhaben sind wir deutschlandweit und darüber hinaus gefragt und werden oft eingeladen, darüber zu berichten. Dabei ist mir wichtig, dass dieses Thema wissenschaftlich begleitet, vor allem aber ganz praktisch gehandhabt wird. Es geht am Ende um unsere Gemeinschaft, unsere Gebäude und unseren Glauben. Auch wenn wir wissen, dass es Kirchen gibt, die wir nicht halten können – wenn wir es schaffen, die Mehrzahl zu bewahren und aktiv zu nutzen, ist viel gewonnen. Die DDR-Zeit hat uns gelehrt, mit Ressourcen kreativ und pragmatisch umzugehen. Zudem haben wir eine Landeskirche mit einer sehr schlanken und effektiven Verwaltung. Diese Struktur erlaubt es uns, abseits von starren Hierarchien flexibel zu arbeiten und gemeinsam mit Gemeinden und anderen Akteuren Modelle zu entwickeln. Denn Gemeinde ist nicht nur Gemeinde, Bau ist nicht nur Bau und Finanzen sind nicht nur Finanzen – es geht darum, alles miteinander zu denken und an einem Strang zu ziehen, damit innovative Lösungen entstehen können.

Das Gespräch führte Aline Ott.

»Die DDR-Zeit hat uns gelehrt, mit Ressourcen kreativ und pragmatisch umzugehen.«

Elke Bergt →
Diplom-Ingenieurin und Architektin, Leiterin des Baureferats der EKM

BAUREFERAT

Das Baureferat der Evangelischen Kirche in Mitteldeutschland (EKM) ist neben Verwaltungsaufgaben insbesondere für strategische Planungen für den kirchlichen Gebäudebestand zuständig. Es unterstützt die Kreiskirchenämter in Fachfragen zu Bauprojekten, Sanierungen und denkmalpflegerischen Maßnahmen. Neben der baulichen Erhaltung von Kirchen, Pfarrhäusern und Gemeindehäusern berät das Referat auch zu ökologischen und nachhaltigen Baukonzepten. Ein besonderer Fokus liegt auf der strategischen Gebäudekonzeption, um Immobilien sinnvoll zu nutzen oder neue Funktionen zu entwickeln. Das Baureferat arbeitet eng mit den öffentlichen Behörden, Architekten, Denkmalpflegern und kirchlichen Gremien zusammen, um eine langfristige und wirtschaftliche Nutzung der Gebäude zu gewährleisten. Es initiierte 2015 unter der Leitung von Elke Bergt das Projekt „StadtLandKirche – 500 Kirchen, 500 Ideen".

NICHT VERZAGEN!

Ein Gespräch mit Barbara Perlich-Nitz über Gebäudekonzeptionen

»Unser Kirchengebäude bedeutet nicht nur Reichtum, sondern auch eine echte Belastung, wenn auch noch keine Last.«

1

Menschen pro Kirche – das ist der Durchschnitt in der Region Mitteldeutschland.
In ganz Deutschland sind es 900 pro Kirche.

Die Kirche hat immer weniger Mitglieder und eine überfordernde Anzahl an Gebäuden – kann man das so sagen?

Vorneweg zu den Zahlen. Bezogen auf die gesamte Evangelische Kirche in ganz Deutschland liegt der Durchschnittswert bei 900 Kirchenmitgliedern pro Kirchengebäude. Bei der Evangelischen Kirche in Mitteldeutschland haben wir knapp 4000 Kirchengebäude auf einer zugegeben großen Fläche. Das Verhältnis von Kirchengebäuden zu Kirchenmitgliedern liegt hier also bei 1 zu 150. Heißt: Nur 150 Menschen sind im Durchschnitt aufgefordert, das Kirchengebäude zu nutzen, sich darum zu kümmern und es zu finanzieren. Wir sind gerade an der Stelle, an der uns die Menschen ausgehen, die sich um die Gebäude kümmern. Und das ist die Stelle, an der Gemeinden merken: Unser Kirchengebäude bedeutet nicht nur Reichtum, sondern auch eine echte Belastung, wenn auch noch keine Last. Überraschenderweise geht uns das Geld als letztes aus. Denn wenn noch Menschen da sind, kommen Spenden zusammen für den Unterhalt. Viel schwieriger ist es, die Kirchen mit Nutzung zu füllen. Davon sind wir, wenn wir ganz ehrlich sind, schon lange weg. Es findet nicht mehr in jedem Kirchengebäude jeden Sonntag ein Gottesdienst statt. Daran haben wir uns inzwischen gewöhnt.

Sollte eine Kirche nicht eigentlich jeden Tag genutzt werden?

Wir haben in der Regel nicht jeden Sonntag einen Gottesdienst in allen 4000 Kirchengebäuden. In jedem Pfarrbereich gibt es meistens nur ein Kirchengebäude, in dem jeden Sonntag Gottesdienst ist. Und es gibt Pfarrbereiche mit durchschnittlich acht bis zwölf Kirchen, in denen also eine Pfarrerin oder ein Pfarrer für bis zu zwölf Kirchen zuständig ist. Dann ist in den restlichen elf Kirchen natürlich nicht jeden Sonntag ein Gottesdienst. Das kann man definitiv unternutzt nennen. Alle Landeskirchen arbeiten an diesem Problem und gehen jetzt diesen steinigen Weg. Es geht nicht schnell, es geht nicht ohne Widerspruch, aber das sollte uns nicht bremsen. Um das einmal klarzustellen: In unserer Landeskirche mit den vielen Gebäuden und den wenigen Menschen geht niemand her – schon gar nicht eine übergeordnete Institution – und nimmt irgendjemandem eine Kirche weg. Die Kirchen, die wirklich aufgegeben, also verkauft werden, sind Kirchen, von denen sich die Gemeinden schon getrennt haben. Wir reduzieren also die Baulast, was aber nicht unbedingt heißt: Reduzierung der Gebäude. Es bedeutet auch: Wir machen nicht mehr überall alles. Denn wenn wir ehrlich sind, für einen normalen Sonntagsgottesdienst braucht man ganz schön wenig. Man muss nicht zweimal in der Woche durchwischen, es müssen nicht alle Oberflächen makellos sein und auch die Orgel, die selten gespielt wird, muss nicht in der historischen Rückstimmung in bestem Zustand sein. Wenn einem das alles klar ist, ist das auch eine Erleichterung.

Was wäre denn eine tragfähige Nutzung?

Kirchengebäude waren noch nie wirtschaftlich. So brauchen wir gar nicht anfangen zu denken. Man baut kein Kirchengebäude, um damit Geld zu verdienen, das ist ja auch nicht unser Daseinszweck. Wir wollen andere Dinge erwirtschaften als Geld. Eigentlich passiert also ohnehin seit jeher schon viel anderes als Gottesdienst in Kirchen. Das war schon in meiner Jugend so. Da wurde ein Kinder-Musical mit fünf Broten und zwei Fischen aufgeführt, wir haben in der Kirche gebastelt oder sogar dort übernachtet. Die Gemeinden sehen heute, dass ihre Kirchengebäude viele Möglichkeiten bieten, und genau das möchten wir fördern. Es soll, es darf und es kann mehr passieren in Kirchen als das klassische Gottesdienstformat. Da ist deutlich Luft nach oben.

Wenn wir so viele Kirchgebäude haben, können wir nicht einfach ein paar verkaufen?

Ja, können wir und tun wir auch. Es ist nichts Neues. Es sind viele Kirchengebäude, die für den kirchlichen Zweck nicht mehr gebraucht wurden, verkauft worden. Aber dafür gibt es ein abgestimmtes Prozedere: Natürlich steht am Anfang und als Wichtigstes die Entscheidung der Gemeinde, dass sie ihr Kirchengebäude verkaufen will. Die Gebäude gehören den Gemeinden und deswegen entscheiden die auch darüber. Es passiert nie, dass eine Gemeinde ihr einziges Kirchengebäude verkauft. Wir reden bei den Verkäufen von Kirchen über große Pfarrbereiche, die nicht alle Kirchen nutzen können. Da fällt dann bisweilen mal die Entscheidung, ein Kirchengebäude zu verkaufen, in der Regel an irgendwelche Träger, die schon da sind. Zum Beispiel an den Kirchbauverein oder Kunstverein, der sowieso dort viele kulturelle Veranstaltungen macht und sich gut vorstellen kann, auch formal und mit der Baulast das Gebäude als Eigentümer zu übernehmen. Nach dem Beschluss des Gemeindekirchenrates geht es noch in verschiedene Prüfungsstufen, damit Verkäufe nicht einfach aus der Überforderung heraus geschehen. Man stellt fest, dass das Gebäude als kirchlicher Ort wirklich nicht mehr gebraucht wird. Daran sind verschiedene Verwaltungsstrukturen beteiligt. Zudem wird auch geschaut, an wen das Gebäude verkauft wird. Es ist nicht möglich, an jeden zu verkaufen. Es gibt gewisse Einschränkungen, weil wir zum Beispiel nicht an rechtsextremistische Vereine verkaufen. Am Ende muss man dann aber doch jemanden finden, der es auch kaufen möchte, was in den ländlichen Regionen manchmal gar nicht so einfach ist. In unserer großen Landeskirche ist es vielleicht ein Kirchengebäude im Jahr, das verkauft wird.

Wie lange dauert es, bis nach so einer Entscheidung des Kirchengemeinderates der Verkaufsprozess durchlaufen ist?

Ach, das sind eher Jahre als Monate. Neben den Prüfungen und Beschlüssen in der Gemeinde gibt es auch noch ganz viele Randfragen zu klären: Wie gehen wir zum Beispiel mit unseren Prinzipalstücken um? Was passiert mit dem Altar? Was passiert mit der Kanzel? Was mit der Orgel und was

Kirchen werden von einer Pfarrerin oder einem Pfarrer betreut.

mit den Glocken? Die sind zwar Einzelgegenstände, aber sie konstituieren die Gesamtheit des Denkmals. Wie will man das auseinanderreißen?

Auf Ihrer Signatur steht „Gebäudekonzeption". Was steckt genau hinter diesem Begriff? Wie beschreiben Sie Ihre Aufgabe?

Entgegen der landläufigen Erwartung mache nicht ich die Gebäudekonzeption. Meine Aufgabe ist es, die Gemeinden und Kirchenkreise freundlich anzuleiten, selbst eine Gebäudekonzeption zu machen. Diese Aufgabe gibt es bei allen Landeskirchen, das heißt nur unterschiedlich und die Strategien variieren. In den katholischen Diözesen läuft genau der gleiche Prozess. Uns alle treibt es um, dass wir zu viele Gebäude haben. In der evangelischen Kirche in Mitteldeutschland arbeiten wir zunächst mal auf der Gemeindeebene. Das heißt, die Gemeinden sollen sich damit beschäftigen, was sie ganz konkret tun wollen. Die einen haben ihren Schwerpunkt bei der Seniorenarbeit, die anderen eher im Chor. Und dann stellt sich die Frage: Welche Räume brauchen sie dafür? Das erfordert eine Betrachtung aller Gebäude der Gemeinde, eben auch der Kirchengebäude. Da wird häufig eine starke Diskrepanz deutlich zwischen dem Viel-zu-viel, was die Gemeinden haben, und dem, was sie benötigen. Oft wird auch schnell festgestellt: Das, was an Gebäuden da ist, passt gar nicht zu den Nutzungsbedürfnissen. Da gibt es also einen Umbau- oder einen Mehrfachnutzungsbedarf. Das ist der theoretisch-konzeptionelle Ansatz. Aber in der Praxis ist es komplizierter, denn wir sind in Kirchenkreisen organisiert, die sehr unterschiedlich sind, vor allem in ihren Frömmigkeitsvorstellungen. Jetzt sollen die Kirchenkreise den Gemeinden einen gewissen Rahmen vorgeben. Wir aus dem Landeskirchenamt versuchen, die Kirchenkreise anzuhalten, immer mehrere Orte gemeinsam zu denken und herauszufinden, was wirklich gebraucht wird. Wir halten die Räume nicht um der Räume willen, sondern weil sie einem Zweck dienen, nämlich unseren kirchlichen Aufgaben. Es ist schwierig, sich davon zu trennen, da es auch Denkmale sind. Ich komme aus dem Bereich der Denkmalpflege, aber das ist nicht unsere primäre Aufgabe. Wir sind nicht primär der Denkmalerhaltungsverein.

Und die Gemeinden, wie gehen die damit um? Klappen diese Workshops gut?

Schwierige Frage, schwierige Antwort. Ich gehe in Pfarrbereiche und erarbeite an einem Tag einen ersten Schritt auf dem Weg zur Gebäudekonzeption. Im Grunde frage ich nur: Was braucht ihr? Damit ist die Gebäudekonzeption zwar noch nicht fertig, aber das ist ein Anfang. Ich bin manchmal in Bereichen, da sind noch sehr viele Gemeindemitglieder, da ist noch viel kirchliches Leben. Da bin ich überflüssig, die haben kein Problem. Und dann komme ich in andere Bereiche, da gibt es schon fast keine Ansprechpartner mehr. Da kann ich also auch nichts ausrichten. Und dann gibt es die, wo die Probleme, mit denen man sich auseinandersetzen muss, unverkennbar sind, und wo noch genügend Kraft und Menschen da sind, Entscheidung zu treffen. Und die rege ich an. Diese Workshops machen nicht nur Spaß, sie sind immer zu einem Teil auch Trauerarbeit und zu einem Teil voller Konflikte.

> **»Geht das oder geht das nicht?«**

Inwiefern ist die Gebäudekonzeption kirchliches Handeln?

Auch wenn ich keine Theologin bin, orientiere ich mich da an den Grunddiensten: Gottesdienst (Liturgia), Verkündigung (Martyria), Dienst am Nächsten (Diakonia) und Gemeinschaft (Koinonia) als unsere vier Grundvollzüge. Manche nehmen die Bewahrung der Schöpfung als neuen fünften Grunddienst mit hinzu. Aber wir bleiben immer bei den vieren. Dann lasse ich die Menschen aus dem Pfarrbereich bei dem Workshop einfach ihre Aktivitäten, die sie machen, dort einsortieren. Das mache ich in erster Linie – das kann ich ja hier mal verraten –, deshalb, weil ich hinterher in vier Kleingruppen weiterarbeiten will. Häufig kommt es vor, dass Diakonia schwach vertreten ist und den Gemeinden das auf diesem Wege deutlich wird. Zwar ist ein Gebäudekonzeptionsworkshop nicht die richtige Stelle, um das zu evaluieren, aber er ist ein Impuls an die Kirchengemeinden, auch darüber nachzudenken, was sie eigentlich tun wollen und in der Folge natürlich, welche Räume sie dafür brauchen. Mal ein konkreter Fall: Da war eine Gemeinde, die feststellte: Wir machen ja gar nichts im Bereich Diakonia. Warum eigentlich nicht? Und dann fiel ihnen ein, dass sie vor der Corona-Pandemie immer ein Frühstück für Alleinerziehende gemacht hatten. Das hatten sie einfach vergessen. Es war eingeschlafen und sie hatten es einfach nicht wiederbelebt. Die Frau, die sich hauptsächlich darum gekümmert hatte, wollte es wieder organisieren. Denn es war immer gut besucht gewesen. Für solche Aktivitäten muss man den Raum natürlich mitplanen, der muss vorhanden sein. Und nicht nur das, er sollte auch schön sein und Freude machen, damit alle gerne dort hingehen. Das heißt, wir brauchen die Räume für das, was wir tun. Und nicht: Wir haben Räume und jetzt müssen wir irgendwie zusehen, dass wir sie vollknallen.

Wie sehen denn solche Workshops aus?

Wir haben ein Set an Spielkarten aufgelegt, auf denen ich Sachen gesammelt habe, die man in Kirchengebäuden machen kann. Und zwar geht es dabei nicht darum, welches Angebot man noch zusätzlich für andere machen kann. Das überfordert die Ehrenamtlichen, die sowieso schon sehr engagiert sind. Die Frage lautet vielmehr: Was könnten wir uns denn vorstellen, für welche Nutzungen wir unser Kirchengebäude anderen zur Verfügung stellen? Zum Beispiel: Könnte man im Westen unter der Empore eine Tischtennisplatte hinstellen und mittwochnachmittags die Kirche dafür öffnen? Geht das oder geht das nicht? Es ist nicht so, dass ich versuche, irgendwas zu erzählen, sondern ich werfe meine Kärtchen auf den Tisch und die Gemeindemitglieder kommen ins Gespräch und sagen: Das geht oder das geht gar nicht. Auch wenn sich die Teilnehmer im Laufe des Workshoptages schwertun mit manchen Veränderungen, sind es von den knapp 100 Ideen manchmal 60 oder 70, die sie sich sofort vorstellen könnten, umzusetzen. Ja, so erstaunlich ist das manchmal! Die kommen dann konkret an: Ich habe doch eine Dartsscheibe, die können wir einfach mal hinhängen und dann können die Leute kommen und Darts spielen. Ich glaube, wenn die Leute erst einmal in der Kirche drin sind und an irgendetwas teilnehmen und es nutzen, das Gebäude, dann gehen sie auch ein weiteres Mal hin. Es dient dem Gebäudeerhalt, wenn Menschen, wenn auch nur für eingeschränkt kirchliche Zwecke, das Kirchengebäude nutzen.

60

von 100 Ideen konnten sich die Workshopteilnehmer direkt vorstellen.

Gibt eine Best-Practice-Gemeinde?

Wir stehen am Anfang. Ich freue mich über alle, die anfangen. Es ist auch nicht so, dass sich flächendeckend schon Früchte zeigen würden. Es braucht Zeit. In einem Pfarrbereich war ein Ergebnis dieses Samstagsworkshops, dass eine gemeinsame Inventarliste angelegt wurde. Der Anlass war profan. In einer Gemeinde war der Aufsitzrasenmäher kaputtgegangen. Und so wurde beschlossen, dass man sich einen Aufsitzrasenmäher von den anderen ausleihen könnte. Das war dann der erste Schritt, Dinge gemeinsam zu nutzen. Und durch die Listen war klar geworden, welche Ressourcen in den einzelnen Gemeinden vorhanden sind. Das ist der erste winzig kleine Schritt, der noch nicht viel mit Gebäuden zu tun hat, aber langfristig natürlich schon, weil man sich dann auch mal überlegen kann: Brauchen wir wirklich vier ehemalige Pfarrhäuser oder reicht vielleicht eins, das wir alle gemeinsam nutzen? Also ein kleiner Schritt vom Aufsitzrasenmäher zum Pfarrhaus bis zum übergeordneten „Sharing".

Auf ein Wort noch …

Ich würde sehr gerne an die Gemeinden die Parole richten: Nicht verzagen! Es sind nicht die Gebäude, die uns als Kirche ausmachen. Und wir werden auch in diesem Schrumpfungsprozess nicht untergehen und viele großartige Gebäude behalten.

Das Gespräch führte Aline Ott.

»Es braucht Zeit.«

Dr.-Ing. habil. Barbara Perlich-Nitz ↗
Referentin für Erprobungsräume
in der EKM

GEBÄUDEKONZEPTION

Die Evangelische Kirche in Mitteldeutschland (EKM) verfolgt eine strategische Gebäudekonzeption, die den Erhalt und die Nutzung kirchlicher Gebäude nachhaltig gestaltet. Angesichts sinkender Gemeindemitgliederzahlen und wachsender finanzieller Herausforderungen setzt die EKM auf eine klare Bestandsaufnahme, um Gebäude sinnvoll zu bewahren oder neue Nutzungskonzepte zu entwickeln. Dabei werden Kirchen, Pfarrhäuser und Gemeindehäuser nach denkmalpflegerischen, wirtschaftlichen und sozialen Kriterien bewertet. Ziel ist es, Gebäude entweder gemeindlich zu nutzen, zu kooperieren oder neue soziale und kulturelle Funktionen zu ermöglichen. Die Leitlinien helfen Gemeinden, tragfähige Entscheidungen zu treffen, um ihre Gebäude langfristig zu erhalten.

ANALYSE – THEORIE UND DEUTUNG

128

mit Fotos von Matthias Hamann

GLAUBEN OHNE KIRCHE?

Theologen auf dem Holzweg

Text: Detlef Pollack
Fotografie: Matthias Hamann

»Wenn man deutlich machen möchte, wozu Kirchen gut sind, was sie leisten, dann kann man oft nur noch religiöse Motive mobilisieren.«

Über Jahrzehnte dominierte in der deutschen evangelischen Theologie das liberale Individualisierungsparadigma, mit dem die Säkularisierungsthese abgewehrt, die verbreitete Kritik an der Kirche positiv aufgenommen und die ungebrochene Vitalität des Religiösen gleichzeitig gefeiert werden konnte. Das liberale Individualisierungsparadigma war in der Lage, in den dumpfen Chor des allgemeinen Kirchenverdrusses einzustimmen und dennoch den hellen Sopran der Unvergänglichkeit des Religiösen zu schmettern.

Die Argumentation lautete: Die soziale Bedeutung der Kirche nehme ab, aber die individuelle Religiosität sei gegenständlich unverfügbar und gehe daher in Kirchlichkeit nicht auf. Auch wenn sich immer mehr Menschen von der Kirche abwendeten, so bedeute das nicht, dass sich ihr persönlicher Glaube abschwäche. Im Gegenteil. Losgelöst von den Fesseln der konventionell geprägten Institution Kirche könne sich die Freiheit des Glaubens nur umso besser entfalten und finde im Bewusstsein der Gottesebenbildlichkeit des Menschen, das mit dem Autonomiebewusstsein der Moderne zusammenfalle, gleichsam zu sich selbst.

Mit Schwerpunktverschiebungen, einmal mehr hin zum personalen, ein anderes Mal mehr hin zum sozialen Pol, wird diese Position bis heute in der liberalen evangelischen Theologie gehalten. Man sprach vom latenten Christentum, vom Christentum außerhalb der Kirche, von distanzierter Christlichkeit, vom Glauben ohne Kirche, um die Differenz zwischen institutionalisierter Kirchlichkeit und individualisierter Religiosität herauszustellen.

Mit den Ergebnissen der religionssoziologischen empirischen Forschung stand diese Position, die oft unter dem Etikett der Individualisierungsthese geführt wurde, schon immer auf Kriegsfuß. Zum einen blieben die Aufschwünge außerkirchlicher Religiosität relativ schwach. Zum andern konnte die Forschung positive Korrelationen zwischen Kirchlichkeit, etwa dem Gottesdienstbesuch, und den Formen individualisierter Religiosität nachweisen, handelte es sich nun um den Glauben an Gott, den Glauben an eine höhere kosmische Macht oder den an ein Leben nach dem Tod, um Formen individualisierter Sinnsuche, subjektiver Spiritualität oder auch von Esoterik und ganzheitlicher Religionspraxis.

Institutionalisierte Kirchlichkeit und individuelle Religiosität bilden danach viel weniger einen Gegensatz als von den Individualisierungstheoretikern unterstellt. Gleichwohl hielten sie jahrzehntelang an ihrer Position

2

fest. Die Individualisierungsthese ermöglichte theologische Manövrierfreiheit gegenüber der Kirche und erlaubte den Anschluss an das Freiheitsbewusstsein der Moderne.
Von einem überlegenen Standpunkt aus ließ sich gegen eine als verfestigt apostrophierte Kirchenhierarchie kräftig austeilen. Der Preis bestand allerdings in einer unbarmherzigen Schelte der kirchlichen Praxis, die den „unflexiblen" Pfarrern die Verantwortung für die abnehmende Kirchenmitgliederzahl zuschrieb. Wenn der Mensch eine religiöse Anlage in sich trägt, kann konsequenterweise nur das kirchliche Handeln schuld daran sein, wenn es nicht gelingt, an dieses religiöse Bedürfnis anzuknüpfen.
Mit der Veröffentlichung der Befunde der VI. Kirchen mitgliedschaftsuntersuchung (KMU VI), die seit 1972 alle 10 Jahre von der Evangelischen Kirche in Deutschland (EKD) durchgeführt wird und in die 2022 erstmals neben den Evangelischen und Konfessionslosen auch die Katholiken einbezogen wurden, dürfte die hochgemute Position der liberalen Theologie allerdings einen herben Dämpfer erfahren haben. Nicht nur ist das Vertrauen in die Kirchen auf einem Tiefpunkt. Nicht nur erreicht die Zahl der Kirchenaustritte nie dagewesene Höhen. Nicht nur sind Gottesdienstbesuche so selten wie noch nie. Auch der Glaube an Gott hat sich dramatisch abgeschwächt. Verringert hat sich außerdem die Unterstützung von Formen außerkirchlicher Religiosität, die ohnehin bereits niedrig war. Nicht allein die institutionalisierte, auch die individualisierte Religiosität ist stark zurückgegangen.
Gleichwohl wird man die Individualisierungstheorie nicht völlig abschreiben können. Mit ihren Annahmen trifft sie insofern ins Schwarze, als auch Nicht-Kirchenmitglieder sich durchaus zu Gott bekennen. Allerdings schreiben die gläubigen Konfessionslosen der Religion sowohl für ihr Leben eine geringe Bedeutung zu als auch für ihre Lebensführung, etwa für die Art und Weise, wie sie ihre Kinder erziehen oder welche politischen Haltungen sie einnehmen. Hinzu kommt, dass sich religiöse Orientierungen von Kohorte zu Kohorte abschwächen.
Für die evangelische Theologie bedeutet das, dass sie von liebgewordenen Denkfiguren Abstand nehmen und sich stärker als bisher auf die Sinnformen einer innerkirchlichen Religiosität einlassen muss. Besonders in hochmodernen Gesellschaften versteht das Individuum seinen Ort in der Welt nicht als selbstverständlich, sondern reflektiert ständig über das eigene Dasein vor einem Horizont weiterer Möglichkeiten: Wer bin ich? Wer könnte ich sein? Welche Möglichkeiten bietet mir das Leben? Welche Alternativen habe ich verpasst? Helmuth Plessner hat das einmal die exzentrische Positionalität des Menschen genannt. Die Fragen, die sich von einer solchen Positionalität her stellen, weisen Schnittfelder zur Religion auf. Das trifft aber nicht auf die Antworten der Religion zu. Moderne Gesellschaften bieten eine solche Vielfalt an Gestaltungsmöglichkeiten, dass viele es als Einschränkung ihrer Selbstverwirklichung empfänden, sich auf nur eine Option festzulegen. Die reflexive Offenheit für Alternativen verhindert die Versteifung auf einen einzigen Weg. Moderne Gesellschaften haben darum die Tendenz, weltbildhafte Deutungen aufzulösen. Und letztlich beinhalten Religionen immer ein Weltbild. Das Christentum sagt zum Beispiel, dass die Welt von Gott erschaffen wurde und am Ende der Welt die Erlösung steht.
In der Tat beobachte ich, dass es die Theologen mehr und mehr vermeiden, religiöse Deutungen im Gewand geschlossener Weltbilder zu unterbreiten. Man muss sich bloß anschauen, wie sich die Mottos der Kirchentage gewandelt haben. Früher hieß es: „Rettet den Menschen!", „Wählt das Leben!", „Der Herr ist Gott.", heute: „Schaut hin!", „Du siehst mich.", „Jetzt ist die Zeit". Im Kirchentag spiegelt sich, was auch sonst zu beobachten ist: dass die hohen theologischen Ansprüche zurückgenommen werden, dass die theologische Deutungen nicht mehr auf das Ganze zielen, dass der säkulare Horizont der Menschen ins Auge gefasst wird. Der Kirchentag wird gerne verspottet mit dem Vorwurf, da gehe es nur noch um Politik. 2023 war ich selbst in Nürnberg dabei und war ganz begeistert. Die Protestanten sind höfliche Menschen, sie hören sich andere Meinungen an und versuchen, Brücken zwischen ihrem Glauben und der Welt zu schlagen. Luthers Leitspruch „Allein Christus, allein der Glaube, allein die Schrift" lässt sich in der Moderne kaum vermitteln. Dogmatisch mag er zwar unangreifbar sein, praktisch aber läuft man Gefahr, sich damit ins Abseits zu begeben. Die Kirchen sollten bei aller Betonung der Differenz gleichzeitig auf Verbindungen setzen: Religion *und* Musik. Religion *und* Politik. Soziologisch gesprochen: Sie sollten auf Formen der Entdifferenzierung setzen.
Viele Menschen empfinden die zahlreichen Austritte aus der Kirche als Verlust, weil sie das Christentum auch als Fundament unserer Kultur begreifen. In Ostdeutschland etwa ist kaum jemand in der Kirche, und

trotzdem bilden sich dort Vereine zum Erhalt aufgegebener Kirchen. In diesen sollen dann auch wieder Gottesdienste stattfinden, zu denen man selbst aber nicht geht. Eine Art stellvertretende Religionsausübung. Was geht der Gesellschaft verloren, wenn der Glaube verdunstet? Dazu gibt es Daten: Gläubige Menschen vertrauen ihren Mitmenschen mehr als nichtgläubige; der Unterschied ist nicht dramatisch, aber signifikant. Auch das ehrenamtliche Engagement bei Gläubigen ist höher. Soziologisch gesprochen: Ja, es wird etwas fehlen. Ein Rückgang, kein Zusammenbruch. Ich gehe, wie der große Soziologe Talcott Parsons, davon aus, dass die westlichen Gesellschaften viel stärker durch das Christentum geprägt sind, als ihre Bewohner das wahrnehmen. Werte wie Gerechtigkeit, Mitleid, Demut – oder wie wir heute sagen: Fairness, Empathie, Bescheidenheit – haben eine große Bedeutung. Menschen, die von außen nach Europa kommen, nehmen diese Spuren des Christentums sehr deutlich wahr. Mit Max Weber teile ich aber auch die Meinung, dass diese ethischen Orientierungen inzwischen unabhängig vom Christentum existieren können und in den westlichen Gesellschaften auf eigenen, säkularen Füßen stehen.

Wenn man deutlich machen möchte, wozu Kirchen gut sind, was sie leisten, dann kann man oft nur noch religiöse Motive mobilisieren. Zum Beispiel kann man sagen, dass wir in der Kirche erfahren, dass wir von Gott getragen sind oder dass es eine Gemeinschaft gibt. Die funktionale Differenzierung der modernen Gesellschaft zwingt auch die Kirche dazu, auf Aussagen über das Ganze zu verzichten und auf ihre Kompetenz in Glaubensfragen, zu setzen, mit der Konsequenz, dass es für sie umso komplizierter wird, denjenigen, die außerhalb der Kirche stehen, zu zeigen, warum man denn in die Kirche kommen sollte. Man müsste den Menschen gewissermaßen zeigen, dass der Glaube tatsächlich eine Bedeutung für das eigene Leben hat und dass das ansteckend wirkt. Was man ihnen gewiss nicht weismachen kann: Dass man zur Kirche kommen sollte, um dort Gemeinschaft zu erleben. Denn das ist auch außerhalb der Kirche möglich.

Die Frage, wofür Kirche gut ist und was ihre Funktion sein könnte, steht in der Gefahr, die Kirche zu überfordern. Im Grunde genommen können wir aus der Krise der Kirche lernen, dass es sehr wichtig ist, auf die Themen zu setzen und zu vertrauen, bei denen die eigenen Kompetenzen liegen, zu denen man also etwas zu sagen hat. Ob die Menschen dann kommen oder nicht, das hat man ohnehin nicht in der Hand. Vielleicht ist es sogar anziehender, wenn die Kirchen an dieser Stelle eine gewisse Selbstbeschränkung vornehmen. Auf diese Weise wären sie zwar nicht mehr in der Lage, das Ganze der Gesellschaft zu umgreifen, für einige können sie aber durchaus von großer Bedeutung sein.

ZUSAMMENHALT KNÜPFEN

Soziale Orte als lokale Kraft

Text: Claudia Neu
Fotografie: Matthias Hamann

»Soziale Orte retten nicht die Welt. Doch sie wirken gegen das Gefühl, den Krisen ohnmächtig ausgeliefert zu sein.«

Es ist zum Verzweifeln! Krieg, Krisen, Koalitionsvertrag. Die Deutschen verlieren angesichts der unsicheren Weltlage das Vertrauen in öffentliche Institutionen, den gesellschaftlichen Zusammenhalt und die Demokratie. Noch nie ist eine neue Regierung mit so wenig Vorschusslorbeeren in die Amtszeit gestartet wie dieses Mal. Tatsächlich traut im April 2025 nur ein gutes Fünftel (21 Prozent) der Deutschen der neuen Regierung zu, die anstehenden Zukunftsprobleme zu lösen – 45 Prozent haben diesbezüglich kein Vertrauen in die Koalition.[1]

Was aber hilft gegen Verunsicherung und Verzweiflung? Wut, Wahnsinn, Weltflucht? Oder doch eher Hoffnung schöpfen, Kräfte sammeln, aktiv werden und offene Enden neu verknüpfen?

KRISENLAND

Erhöhte Krisenwahrnehmung macht anfällig für antidemokratische Haltungen, fremdenfeindliche Ressentiments, Einsamkeit[2] und steigert so das Potenzial gesellschaftlicher Polarisierung. Doch schon lange vor der Corona-Pandemie, dem Ukrainekrieg und der Wiederwahl Trumps sahen die Deutschen den gesellschaftlichen Zusammenhalt gefährdet, die Demokratie auf einem absteigenden Ast und die Wirtschaftsmacht Deutschland im Niedergang. Die AfD inszeniert sich gekonnt als Volkes Stimme und fischt erfolgreich Stimmen bei den Enttäuschten, Verbitterten und Einsamen. Dort, wo die Welt nicht mehr beherrschbar scheint, setzen viele nicht auf Rebellion, sondern auf Rückzug: ins eigene Heim, die Nachbarschaft oder imaginierte Gemeinschaften.

DAS ZUSAMMENHALTSPARADOXON

Der eigene Nahraum wird zur Insel im Meer der Krisen, unbelastet vom Weltlauf. Gemeinschaft und ein starkes Wir-Gefühl werden, nicht überraschend, insbesondere im eigenen Umfeld erlebt: Nahezu alle Menschen, die im Januar 2025 im ARD-DeutschlandTrend repräsentativ befragt wurden, erleben das Miteinander im Freundes- und Bekanntenkreis (94 Prozent) und in der Familie (92 Prozent) als sehr gut oder eher gut. Das Zusammenleben am Wohnort empfinden Dreiviertel (74 Prozent) der Befragten positiv, hier kennt und grüßt man sich. Dem Zustand der Gesamtgesellschaft wird hingegen ein schlechtes Zeugnis ausgestellt und das Vertrauen in die „Entfernteren“, die anderen sinkt. Den

1 Vgl. THOMAS PETERSEN, „Schwarzroter Tiefstart", in: Frankfurter Allgemeine Zeitung. 19.4.2025, S. 8.

2 Vgl. ANDREAS ZICK / BEATE KÜPPER / NICO MOKROS, *Die distanzierte Mitte. Rechtsextreme und demokratiegefährdende Einstellungen in Deutschland 2022/23*. Hg. für die Friedrich-Ebert-Stiftung von Franziska Schröter. Bonn 2023.

3 infratest dimap: ARD-DeutschlandTrend Januar 2025, Bonn / Berlin 2025.

4 Vgl. Zentrum für Sozialforschung Halle e.V. (ZSH) an der Martin-Luther-Universität Halle-Wittenberg, Institut für Politikwissenschaft, Friedrich-Schiller-Universität Jena und GESIS – Leibniz-Institut für Sozialwissenschaften (Hg.), *Deutschlandmonitor '24*. Berlin, Halle (Saale), Jena, Mannheim 2025, S. 71 ff.

5 Vgl. JENS KERSTEN / CLAUDIA NEU / BERTHOLD VOGEL, *Das Soziale-Orte-Konzept*. Bielefeld 2022.

gemeinsamen Umgang in der Öffentlichkeit findet im DeutschlandTrend die Hälfte der Befragten (48 Prozent) (eher) schlecht.[3] Einen großen gesellschaftlichen Zusammenhalt sieht in Deutschland kaum noch jemand: Lediglich 12 Prozent der Bevölkerung teilt diese Einschätzung. So entsteht eine paradoxe Situation: Die aktuelle Lage der Wirtschaft, Kriege und Umweltkatastrophen erschüttern die Zuversicht der Deutschen, finden aber gefühlt „woanders", „da draußen" oder „in der Gesellschaft" statt. Die positiven Erfahrungen im persönlichen Bereich hingegen scheinen von der negativen Weltwahrnehmung weitgehend entkoppelt.[4]

VERLUSTNARRATIVE

Die Erzählungen vom Verlust der Zuversicht und vom schwindenden gesellschaftlichen Zusammenhalt berichten auch von infrastrukturellem Abbau, vom wirtschaftlichen Abgehängt-Sein und demografischen Verwerfungen. Arbeitsplatzverluste, Abwanderung der Jüngeren und Zurückbleiben der Älteren prägen für viele Einwohner ländlicher Räume Ostdeutschlands seit vielen Jahre die Wahrnehmung. Wer selbst nicht die Erfahrung machte, sah das Schicksal der anderen. In der Erinnerung werden die bunten und fröhlichen Erntedankfeste der LPG (Landwirtschaftliche Produktionsgenossenschaft) wieder lebendig. Damals waren die Dörfer voller Jugend und der Konsum der soziale Treffpunkt. Mit den Kulturhäusern verbinden viele Landbewohner noch immer die Abwechslung vom oft harten Alltag bei Tanz und Film. In den ostdeutschen Verlustnarrativen, die sich in den vergangenen Jahren verfestigt haben, bleibt das Leben in der DDR die Vergleichsfolie, vor der alles gespiegelt wird. Die wahrgenommenen Verluste im privaten wie im öffentlichen Leben bestimmen sehr stark den Blick auf das Heute. Erzielte Erfolge, Handlungsspielräume und Chancen scheinen eher weniger Gewicht zu haben. Im Westen wird das Leben im ländlichen Raum durchweg positiv bewertet,[5] aber auch hier gehört die Wahrnehmung eines schwindenden Zusammenhalts dazu. Da den Dörflern der alten Bundesländer das einschneidende Erlebnis Wende fehlt, bleiben ihre Verlusterzählungen aber wesentlich unspezifischer und eher auf eine verschwommen idyllische bäuerliche und dörfliche Vergangenheit bezogen. Unzweifelhaft dient die Imagination der dörflichen Gemeinschaft – sei es in der Vergangenheit wie auch aktuell – der Selbstvergewisserung, dass hier die Welt noch in Ordnung ist. Letztlich bleibt

DIE BIBEL

03
066
911+5−7
75 1
452
3261+45
96 1+6

6 Vgl. ANNA ECKERT / ANDRE KNABE / RAJ KOLLMOREGEN / SUSANNE LERCHE / CLAUDIA NEU / LJUBICA NIKOLIC (Hg.), *ENKOR: Engagement in ländlichen Räumen – Formen und Konstellationen*, Universität Göttingen. Göttingen 2024.

7 JENS KERSTEN / CLAUDIA NEU / BERTHOLD VOGEL, *Das Soziale-Orte-Konzept*. Bielefeld 2022; MORITZ ARNDT / KAI BUSCHBOM / CLAUDIA NEU / LJUBICA NIKOLIC / HELENA REINGEN / MAIKE SIMMANK / BERTHOLD VOGEL / DAGMAR WICKLOW: Das Soziale-Orte-Konzept. hrsg. von der Friedrich-Ebert-Stiftung. Bonn 2020.

sie aber im Abwehrreflex gegen die vermeintlichen Zumutungen des modernen, heißt urbanen Lebens – Vielfalt, Aufstieg, Chancengerechtigkeit – stecken.

NICHTS GUTES, AUSSER MAN TUT ES

Doch nicht alle ergeben sich dem schier erdrückenden Gefühl des Verlustes und der Dauerkrise. Viele werden aktiv und verbünden sich. Sie marschieren als „Omas gegen rechts", gründen Kulturscheunen und Dorfläden. Raumpioniere oder Neulandgewinner starten kreative Projekte in ländlichen Räumen. Kirchen werden umgenutzt und öffnen sich in den Sozialraum. Diese Initiativen antworten auf lokale Bedarfe, die nicht selten in Folge von Strukturwandel und demografischen Veränderungen entstanden sind. Der Abbau öffentlicher Infrastruktur wie Schulen, Jugendclubs und Gemeindehäuser hat nicht nur zu einem Mangel an Begegnungsorten geführt, sondern auch zu einem Verlust an Engagierten aus der bürgerlichen Mitte. Insbesondere den traditionellen Institutionen, die lange unverbrüchliche Stützen ländlichen Engagements waren, wie Kirchen, Männergesangsverein und Landfrauenverband, gehen die Mitglieder aus. Doch es wäre deutlich zu früh, den Untergang des bürgerschaftlichen Engagements auszurufen. Neue, eher informelle Formen ergänzen das ehrenamtliche Angebot. Bürgerinitiativen, Frauenlaufgruppen und Schmetterlingsfreunde gründen sich – allerdings ohne das feste institutionelle Gerüst der großen Ehrenamtstanker wie Parteien, Sportvereine oder Freiwillige Feuerwehren.[6] In diesem bunten Mix aus verschiedenen, neben- und miteinander existierenden Angeboten bürgerschaftlichen Engagements sticht eine Gruppe heraus: die Gestalter. Sie richten ihre Aktivitäten konkret auf die nachhaltige Veränderung der lokalen Lebenswelt. Es geht ihnen nicht allein um Sport, Spiel und Entspannung, sondern um die Gestaltung der Zukunft ihrer Gemeinde oder Region. Nicht Bewahren, sondern Machen. Die Gestalter organisieren ihr Dorfleben durch die Wiederbelebung eines Marktplatzes neu, gründen eine Genossenschaftskneipe, erweitern eine Solidarische Landwirtschaft um eine Kulturscheune, lassen Rudolstadt wieder aufblühen und gründen die Initiative „Zukunftswerkstatt Schwarzatal". Dies sind nur einige Beispiele aus dem vom BMBF geförderten Projekt „Das Soziale-Orte-Konzept" (2017–2020).[7] Hier forschten ein Team der Georg-August-Universität Göttingen im westdeutschen Landkreis Waldeck-Frankenberg in Nordhessen und

das Soziologische Forschungsinstitut Göttingen e. V. im ostdeutschen Landkreis Saalfeld-Rudolstadt. Experteninterviews mit Vertretern aus Verwaltung, Zivilgesellschaft und Wirtschaft sowie Haustürgespräche mit Bürgern führten auf die Spur von „Sozialen Orten".

SOZIALE ORTE – MEHR ALS DRITTE ORTE

Soziale Orte sind „Dritte Orte", wie sie Ray Oldenburg 1989 für die USA beschrieb.[8] Die Oldenburg'schen Dritten Orte sind öffentliche Orte, nicht das eigene Zuhause und auch nicht der Arbeitsplatz. Sie sind Alltagsorte, wo sich die Nachbarschaft immer wieder begegnet und miteinander ins Gespräch kommt – auch über Milieugrenzen hinweg. Das Einkaufszentrum, der Friseur, der Bäcker oder die Kirche.

Soziale Orte gehen jedoch über den bloßen Treffpunkt, den Ort der alltäglichen Begegnung hinaus. Im Projekt „Das Soziale-Orte-Konzept" schilderten die Befragten, dass die untersuchten Treffpunkte nicht nur dem Austausch dienen, sondern sich dort konkrete Aktivitäten entfalten. Entscheidend ist dabei gar nicht so sehr, was geschieht, sondern *dass* etwas passiert. In der „KulturKnolle", der umgebauten Scheune einer Solidarischen Landwirtschaft, fand 2024 etwa die „Lange Nacht des Bauernfilms" mit der Künstlerin Antje Schiffers statt. Und der Verein „Rudolstadt blüht auf" organisierte im Mai 2025 ein Benefizkonzert zur Neugestaltung eines Spielplatzes. Soziale Orte mausern sich in ihrer Entwicklung zu wichtigen Identifikationspunkten in der Gemeinde, die Mitwirkung ermöglichen und durch Gemeinsamkeit Zukunft entstehen lassen.

WAS BRAUCHEN SOZIALE ORTE?

Trotz aller Verschiedenartigkeit Sozialer Orte lassen sich durchaus einige Bedingungsfaktoren für ihre Entstehung benennen. Allen Fallbeispielen ist gemeinsam, dass versucht wird, lokale Antworten auf gesamtgesellschaftliche Herausforderungen zu finden. Dabei setzen die Beteiligten sich bewusst mit den Themenfeldern Demografie, Demokratie und Infrastrukturabbau auseinander. Auch wenn die Lösungswege, Projekte und Prozesse je nach Gemeinde ganz anders verlaufen, so geht es immer um den Erhalt der Lebensqualität vor Ort und um Fragen des Zusammenhalts und der Teilhabe aller Bürger. Damit ist klar, dass es keinen Bauplan für den perfekten Sozialen Ort geben kann. Allerdings entstehen Soziale Orte nicht im luftleeren Raum, sondern sind sehr wohl auf lokale Infrastrukturen

8 RAY OLDENBURG, *The Great Good Place: Cafés, Coffee Shops, Community Centers, Beauty Parlors, General Stores, Bars, Hangouts, and How They Get You Through the Day*. New York 1989.

9 Vgl. IBA Thüringen, „Resiliente Region Schwarzatal – ein Tal blüht auf", https://iba-thueringen.de/projekte/schwarzatal-resiliente-region (letzter Zugriff: 4.5.2025).

wie Schulen, Kirchen und Vereinsheime angewiesen, an denen sich Engagement erst anlagern kann.

Bekanntermaßen ist die Bürokratie der natürliche Feind des Engagements. Allerdings erweist sich eine partizipative Verwaltung, die gelegentlich selbst Ideen einbringt und Engagierte unterstützt, als unbezahlbarer Erfolgsfaktor für die nachhaltige Entwicklung Sozialer Orte.

Wie immer, wenn es um öffentliche Mitwirkung geht, braucht es hochmotivierte Engagierte mit langem Atem, die die Kernarbeit stemmen. Doch ohne einen erweiterten Kreis an kontinuierlich Mitwirkenden und Unterstützenden, die sich punktuell an Projekten beteiligen, vornehmlich aber mit Geld- und Sachspenden in Erscheinung treten, sowie an Gästen bei Veranstaltungen bleibt der schönste Soziale Ort leblos. Daher werden Soziale Orte nicht von Einzelkämpfern errichtet, sondern von Akteurskonstellationen aus Zivilgesellschaft, Verwaltung und Unternehmen. Zugleich sind es – unseren Untersuchungen nach – nicht die traditionellen Vereine oder Kirchen, die sich hier engagieren, sondern eher Bürger mit einem *urban mindset*, die eine nachhaltige Entwicklung vor Ort anstoßen wollen.

Soziale Orte verstehen sich daher nicht (nur) als Projekte, die zeitlich begrenzt oder an eine bestimmte Fördersumme gebunden sind, sondern als Prozesse, die sich verstetigen und auf diese Weise auch einen Zukunftsentwurf für das Dorf oder die Region anbieten. Die Corona-Pandemie hat auch den untersuchten Sozialen Orten schwer zugesetzt, doch die bereits zuvor eingeübte Flexibilität im Umgang mit Herausforderungen hat sie nicht untergehen lassen.

Entscheidend ist, dass Soziale Orte niemals selbstreferenziell sind: Sie suchen Verbündete, organisieren Kontakte und knüpfen Netzwerke – nicht nur in ihrer Gemeinde, sondern überregional. Die Initiative „Zukunftswerkstatt Schwarzatal“ etwa hat sich 2014 auf den Projektaufruf „Zukunft StadtLand!“ der IBA Thüringen (2013–2023) mit der Projektidee „Resilientes Schwarzatal“ beworben – und gewonnen. Im Anschluss konnten verschiedene weitere IBA-Projekte verwirklicht werden, die Planer, Politiker, Wissenschaftler und Besucher ins beschauliche Schwarzatal lockten.[9]

Sicher, die Voraussetzungen für die Errichtung eines Sozialen Ortes sind mannigfaltig. Es braucht Ressourcen – Akteure, Partner, Infrastrukturen, Wissen, Zeit, Geld. Doch es müssen nicht alle Faktoren erfüllt sein, um loszulegen. Sie können sich auch auf dem Weg dazugesellen.

ZUSAMMENHALT KNÜPFEN

Soziale Orte retten nicht die Welt. Doch sie wirken gegen das Gefühl, den Krisen ohnmächtig ausgeliefert zu sein. Nur Mut, wir packen es an! Gemeinschaftliche Aktivitäten produzieren Gelegenheitsstrukturen, Erfahrungsräume und lokale Identitätsangebote: Soziale Orte werden zu Orten der öffentlichen Begegnung, der verstetigten Kontakte, an denen Menschen aushandeln, wofür sie (ein)stehen. Die Dynamik und Prozesshaftigkeit Sozialer Orte macht Hoffnung, weist ins Offene. Neue Erzählungen über Zukunft entstehen. Die Engagierten und Teilnehmer schmieden nicht nur lokalen Zusammenhalt, sondern sie knüpfen Netzwerke in die Gesellschaft und binden so lose Enden zusammen.

performance
Lösungen zur Interaktion
www.performance.de

Bitte Betrag auswählen
2,00 EUR
5,00 EUR
7,00 EUR
10,00 EUR
20,00 EUR
50,00 EUR
Language
Info
Sparkasse Mittelthüringen

SÄKULARISIERUNG, GLOBALISIERUNG, SELBST-OPTIMIERUNG

Zur kulturellen Rolle der Kirche in einer veränderten Welt

Text: Hans Joas
Fotografie: Matthias Hamann

»Die Kirche ist nur glaubwürdig, wenn sie die Werte, die sie predigt, auch in ihren eigenen Strukturen verkörpert.«

Voranschreitende Säkularisierung in Europa, Globalisierung des Christentums und Reduktion der Religion auf eine Technik der Selbstoptimierung: Ein angemessenes Verständnis der religiösen Lage der Gegenwart muss alle drei Tendenzen gleichzeitig in den Blick nehmen. Wenn wir dies zu tun versuchen, dann ist der Schlüsselbegriff, der uns dies erlaubt, meines Erachtens der der „Option". Bei der Verwendung dieses Begriffs stütze ich mich auf zwei große Religionsdenker, einen gegenwärtigen und einen aus der Zeit vor mehr als einhundert Jahren: Die Rede ist von dem kanadischen katholischen Philosophen Charles Taylor und von dem amerikanischen Psychologen und Klassiker des Pragmatismus, William James. Als wichtigste Leistung von Charles Taylor und seines monumentalen Werks *Ein säkulares Zeitalter* empfinde ich es, dass er darin den Aufstieg der sogenannten säkularen Option erforscht und dargestellt hat. Er konzentriert sich dabei auf das 18. Jahrhundert, bezieht aber auch die Vorgeschichte dieses Aufstiegs, die weitere Durchsetzung und den langfristigen Einfluss mit ein. Taylor arbeitet in aller Deutlichkeit heraus, dass dieser Aufstieg der säkularen Option auch die Bedingungen des Glaubens fundamental verändert hat. Seit dieser epochalen Veränderung müssen Gläubige nämlich ihren Glauben, etwa den christlichen, nicht mehr vornehmlich als spezifischen gegenüber anderen Konfessionen oder Religionen rechtfertigen, sondern als solchen. Sie werden gefragt, warum sie überhaupt gläubig sind und nicht vielmehr die „säkulare Option" wählen, eine Option, die zuerst nur als legitime Möglichkeit auftrat und dann, wie ich behaupte, in einzelnen Ländern und Milieus zunehmend zur Regel, das heißt „normalisiert" wurde. Natürlich darf der Aufstieg der säkularen Option als solcher nicht als Ursache späterer Säkularisierungsprozesse verstanden werden. Er schuf nur die Möglichkeit für diese, erklärt selbst aber nicht, warum diese Möglichkeit von Menschen auch wahrgenommen wird. Zunächst also besteht die Optionalität des Glaubens darin, dass es im Prinzip möglich geworden ist, in bewusster und öffentlich erkennbarer Weise nicht zu glauben.

Die Bedeutung von „Optionalität" ist nicht auf das Gebiet der Religion beschränkt. Aus vielen soziologischen Analysen geht hervor, dass Menschen heute oft auch ihre wichtigsten sozialen Beziehungen so empfinden: Liebe, Familie, aber auch Beruf und politische Zugehörigkeit. Dies kann natürlich zu einer Überforderung durch die Zunahme von Optionen, zu Orientierungskrisen und aggressiver Optionsvernichtung führen. Es gibt aber auch die Möglichkeit, die Orientierungen an die gestiegene Kontingenz anzupassen. Ein Beispiel: Wenn sich fixe Geschlechts- und Altersrollen auflösen, dann nimmt der Bedarf an Koordination und Diskussion zu; die Individuen müssen dann sensibler werden für den Charakter gegebener Situationen und für die Bedürfnisse anderer. Von der Institution zur „companionship" – so hieß das bei Ernest Burgess, einem Chicagoer Familiensoziologen, schon 1945. Der Verlust an „statischer" Stabilität kann durch eine höhere, nämlich „dynamische" Stabilität kompensiert werden. Wir leben heute aber auch in einem anderen Sinn in einer

Welt der Optionen. Ich spreche von den Folgen dessen, was üblicherweise als Globalisierung bezeichnet wird. Vielleicht der wichtigste soziologische Trend in Sachen Christentum in unserer Zeit ist dessen enorme Globalisierung. Seriöse Beobachter wie der britisch-amerikanische Historiker Philip Jenkins sprechen von unserer Zeit nicht so sehr unter der Überschrift der Säkularisierung, sondern von einer der größten Expansionsphasen des Christentums in der Geschichte. Teilweise hat die Zunahme der Zahl der Christen im Weltmaßstab schlicht demografische Gründe, das heißt sie geht auf starkes Bevölkerungswachstum in einigen christlichen Ländern zurück. Aber das ist nicht die ganze Geschichte. Es gibt auch beeindruckende Entwicklungen des massenhaften Übertritts zum Christentum in Afrika, aber auch in Südkorea und Teilen Chinas. Durch Migrationsprozesse und eine fundamentale geografische Machtverschiebung außerhalb der Kirchen und in ihnen wird dies eher früher als später auch die Christen in Europa und Nordamerika in vielfältiger Weise betreffen.

Mehr vielleicht, als sogar Rahner antizipiert hatte, führt diese Entwicklung zu einer neuen Konstellation eines „echten Pluralismus" in großen Teilen der Welt heute. Das Christentum wird in unserer Zeit zu einer lebendigen Option für Menschen, für die es bisher entweder gar nicht verfügbar war oder befleckt von Missständen in den missionarischen Aktivitäten der Kolonialmächte. Alle Theologien, die diese Herausforderungen nicht ernst nehmen, erscheinen mir als obsolet. Wir brauchen in dem Sinn eine neue Sprache für das Christentum, als diese durchdrungen sein muss von einem Verständnis für die Leistungen säkularer Weltanschauungen einerseits, einem tiefen Verständnis nichteuropäischer Kulturen andererseits. Wir sehen uns dabei aufgefordert, in den Worten des langjährigen Erfurter katholischen Bischofs Joachim Wanke, die Glaubensvermittlung zu „elementarisieren", das heißt den Gedanken einer Hierarchie der Wahrheiten im christlichen Glauben sehr ernst zu nehmen.

Die Hauptfrage an dieser Stelle lautet deshalb, wie wir den christlichen Glauben in einer Kultur denken sollen, in der Selbstoptimierung zu einem dominanten Wert geworden ist. In einer solchen Kultur wird der Glaube oft, sogar von Gläubigen und den Kirchen, so angepriesen, als stelle er eine Art überlegene Technik der Selbstoptimierung dar. Wenn die psychologischen Effekte, sagen wir, des Buddhismus, in der gewünschten Richtung größer sein sollten als die des Christentums – wer würde sich schon einen besseren „Energiefluss" auf dem Trainingsgelände von der Aufstellung eines Kruzifixes versprechen? –, warum sollte man dann nicht schlicht den traditionellen Glauben durch den effektiveren ersetzen? Ich würde sogar zögern, eine solche Veränderung der religiösen Identität als „Bekehrung" oder „Konversion" zu bezeichnen, weil diese Begriffe sich doch immer auf die plötzliche oder schrittweise Erfahrung einer subjektiven „Offenbarung" bezogen haben, das heißt auf das Sehen, das Erkennen einer Wahrheit. Im Fall solcher Erfahrungen wird es einem Menschen klar, dass er oder sie bisher falsch gelebt hat, dass man umkehren und sein Leben verändern müsse, und dies nicht, weil es einem hilft, die schon bisher gültigen Ziele nun erfolgreicher zu verfolgen. Es ist vielmehr überzeugend oder gar evident geworden, worin die richtige Lebensführung besteht und dass man die eigenen Gewohnheiten und Lebensziele ändern muss. Es geht also dabei jeweils gerade nicht um eine Verbesserung der Strategien, sondern um eine Änderung fundamentaler Ziele.

Beim Menschen ist das Telos aber nicht ein und dasselbe für alle Menschen, sondern ein je spezifisches Entwicklungsziel des Einzelnen, das zudem nur erreicht werden kann, wenn das Individuum es selbst in sich findet und aktiv verfolgt. „Bildungswissen" kommt dem Menschen dann aus dem Studium von Geschichte und Kultur zu, zum Beispiel aus Kunst und Literatur. Selbstverwirklichung ist eine wichtige Dimension solcher Bildung, aber es ist eine Selbstverwirklichung mit kommunitärer Dimension. Obwohl ein sich selbst verwirklichendes Individuum sich von Konventionen distanzieren oder sogar befreien muss, wird seine Selbstverwirklichung letzten Endes der Gemeinschaft dienen – besser jedenfalls, als wenn es diesen Umweg nicht zurückgelegt hätte und einfach im Rahmen der konventionellen Erwartungen und Normen geblieben wäre. Bei Wilhelm von Humboldt war der Endzweck der Freisetzung von Individuen für Bildungsprozesse die Gewinnung weitblickender, selbständiger Staatsbeamter; bei Friedrich Schleiermacher ging es um ähnliche Persönlichkeiten für die Führung der Kirche. Selbstoptimierung ist, was aus der Selbstverwirklichung wird, wenn sie ihrer kommunitären Dimension verlustig gegangen ist. Aber die Bildungsaufgabe der Kirche kann nicht hauptsächlich darin liegen oder darauf begrenzt sein, Kultur der Vergangenheit zu bewahren und sie an neue Generationen zu vermitteln. Oft werden die Kirchen ja für ihre Rolle bei Wertevermittlung und Werterziehung gelobt, und es steht auch für mich außer Frage, dass sie hier eine wichtige Rolle spielen können und in der Tat spielen. Aber das Ausmaß, in dem sie diese Rolle spielen können, hängt von mindestens zwei Voraussetzungen ab. Erstens können Werte nicht vermittelt werden, wenn sie nicht in Weisen artikuliert werden, die sie für heutige Menschen zugänglich machen. Dies ist aber nicht nur eine Frage der Sprache oder gar der Didaktik, sondern eine Frage der intellektuellen Durchdringung der eigenen Botschaft. Ich habe es an anderer Stelle als die intellektuellen Herausforderungen des heutigen Christentums bezeichnet, die Spezifika des christlichen Liebesethos, des Person-Verständnisses, der besonderen Spiritualität und des Transzendenzbezugs neu verständlich zu machen. Christen müssen auch in nichttradierten Weisen ihren Glauben verständlich machen können. Zweitens aber gibt es für glaubwürdige Wertevermittlung auch institutionelle Voraussetzungen. Die Kirche ist nur glaubwürdig, wenn sie die Werte, die sie predigt, auch in ihren eigenen Strukturen verkörpert. Die sexuellen Missbrauchsskandale haben völlig klargemacht, dass es eine riesige Kluft gibt zwischen einerseits dem Selbstbild der Kirche und ihrem Anspruch, eine Autorität in der Verkündigung und Verteidigung des Ideals universaler Menschenwürde zu sein, und andererseits ihrer tatsächlichen Beschaffenheit und ihrer institutionellen Mechanismen. Um die Welt zu evangelisieren, wie es schon Papst Paul VI. in „Evangelii nuntiandi" forderte und wie es Papst Franziskus nicht müde wird zu wiederholen, muss die Kirche zuerst sich selbst evangelisieren. Alle erfahrenen Eltern und Lehrer wissen, dass ihr persönliches Beispiel schwerer wiegt als die Lehren, die sie verkünden, und das gilt eben für Institutionen gleichermaßen. Der Glaube ist aber mehr als Werte und Moral. Er kann nur als eine Alternative zu bloßer Selbstoptimierung wahrgenommen werden, wenn er tatsächlich eine Sphäre der Erfahrungen erschließt, in denen die Individuen über die Fixierung auf die Grenzen ihrer Selbst hinausgehen können. Der (katholische) britische Anthropologe Victor Turner hat für diese Erfahrungssphäre den Begriff „Anti-Struktur" geprägt. Menschen leben immer und notwendigerweise ein in vielen Hinsichten strukturiertes Leben, doch bedürfen sie auch der zeitweiligen Lockerung der Strukturen, in denen sie leben. Für Turner geschieht dies in Ritualen, die ihrem Sinn gerecht werden. Rituale – so habe ich andernorts argumentiert – schaffen eine kontrollierte Umwelt, welche die Mechanismen des Alltagslebens zeitweise außer Kraft setzt. Damit können Idealzustände erlebbar gemacht werden, und zwar so, dass sie nach Rückkehr in den Alltag als intensive Erfahrungen im Gedächtnis bleiben. Das bedeutet aber, dass die Teilhabe an Ritualen enorme erzieherische und bildende Wirkung hat oder haben kann. Religiöse Erziehung muss deshalb

auf die Liturgie vorbereiten, weil sie damit den Zugang zu einer Sphäre von Erfahrung eröffnet, die über das strukturierte Alltagsleben hinausgeht. Doch sind Rituale nicht die einzige Form von Anti-Struktur. Auch heilige Räume gehören hierher. Eine Kirche betreten zu können, wenn man an ihr vorbeikommt, eröffnet den Individuen eine Gelegenheit, für kurze Zeit ihren Alltag hinter sich zu lassen, sich leichter auf Gott in Gebet und Meditation zu beziehen und diese Beziehung in ihre profanen Tätigkeiten mitzunehmen. Wallfahrt und Pilgerwanderung werden gegenwärtig als eine Form des Lebens wiederentdeckt, in der die Strukturen des Alltags zurückgelassen werden. In Deutschland sind die sogenannten Katholiken- und Kirchentage, das heißt die Treffen von Zehntausenden von Gläubigen, Gelegenheiten für Christen, sich der Präsenz ihrer Mitchristen und ihrer großen Zahl zu vergewissern, aber auch dafür, die Erfahrung dessen zu machen, was Turner „communitas" nannte: intensiv erlebte spontan entstandene Gemeinschaftlichkeit. Die rationalen Formen und Inhalte religiöser Erziehung hängen von der Vitalität eines religiösen Lebens ab, zu dem sie beitragen, das sie aber nicht selbst erzeugen können.

D(O)ING KIRCHE

oder wenn Räume Akteure werden

Text: Karl Heinz Hörning
Fotografie: Matthias Hamann

»Die Bedeutung eines Wortes ist sein Gebrauch in der Sprache; oder: Lass dich die Bedeutung durch den Gebrauch lehren.«

Ludwig Wittgenstein: Philosophische Untersuchungen

Eine Kirche ist nicht nur ein Versammlungsort, ein Raum gemeinsamer Glaubensausübung, eine symbolische Form, sondern auch ein Gebäude, ein Gegenstand, ein Ding, das uns zu Überlegungen oder Handlungen veranlassen kann. Dieser nüchterne Zugang mag überraschen, handelt es sich doch bei Kirchen um Gebäude mit einer kulturell reichen Eigenschaftsgeschichte. Doch diese Offenheit erlaubt, die Beziehung zwischen Kirche und uns zunächst allgemeiner zu befragen: Was machen wir mit den Dingen, die uns umgeben, uns auffallen, und was machen die Dinge mit uns, wenn wir uns auf sie einlassen, mit ihnen interagieren?

Im Folgenden möchte ich zunächst jeweils ausführen, wie sich Dinge in unsere soziale Handlungspraxis einmischen und in ihr eine mehr oder weniger relevante Rolle spielen können, und komme in einem zweiten Schritt zur leerstehenden Kirche, die zwar ein fremdes Ding geworden ist, uns aber auch inspirieren und auffordern kann, sie in neue gemeinsame Praktiken einzubinden und durch eine Umnutzung etwas ungewohnt Neues entstehen zu lassen.

1 Wir handeln in einer Lebenswelt, die von Selbstverständlichkeiten geprägt ist. Diese Lebenswelt gibt den grundlegenden Bezugsrahmen vor, in dem wir uns orientieren und miteinander verständigen. Sie ist intersubjektiv: eine geteilte Welt voller kultureller Sinnzusammenhänge und Deutungsmuster, die Handlungen und Erfahrungen rahmen und ihnen eine Richtung verleihen.
Die alltägliche Lebenswelt steckt voller Dinge, überall mischen sie mit. Im Alltag haben wir mit den Gegenständen, den Sachen, den Objekten zu tun, dort werden sie relevant, dort nehmen wir sie in unser Handeln herein, lösen möglicherweise mit ihnen Probleme und gewöhnen uns an sie. Dort drängen sie sich aber auch auf, stören, ärgern, irritieren, bringen uns zum Reflektieren und Kommunizieren über sie.
Oft bringen sie uns auch dazu, Dinge zu tun, die wir ohne sie nicht tun würden. Nicht nur wir, sondern auch die Dinge heuern uns an, und das fortlaufend in einem unabgeschlossenen Prozess. Neben den vertrauten Dingen sind es gerade die fremden, die uns irritieren und zum Handeln auffordern. Fremde Dinge können faszinierend wie auch beunruhigend wirken, Alltagsroutinen stören, jedoch auch Erkenntnis fördern.

2 Für leerstehende Kirchen gilt das auf den ersten Blick alles nicht. Sie sind uns in der säkularen Welt fremd geworden und nehmen nicht mehr teil an unserer Lebenswelt. Sie werden schnell einer vergangenen, überholten Zeit zugewiesen, ihre ursprüngliche Funktion wird bestenfalls noch halbverstanden. Das „ausrangierte" Kirchengebäude ruft nur noch selten Erstaunen, geschweige denn dezidiertes Interesse hervor. Es ist aus dem Kanon des sozialen Praxisgeschehens herausgefallen: aus der sonntäglichen Nutzung durch eine Kirchengemeinde, die sich zerstreut hat oder dem Glauben abtrünnig geworden ist. Das Gebäude selbst mag architektonisch noch von Interesse sein, durch seine Stilllegung und Entweihung ist jedoch sein symbolisch-spiritueller Charakter weithin unsichtbar geworden. Der neugierige Tourist mag beim Eintritt noch letzte Reste der ursprünglichen Intention verspüren, mag noch von mancher historisch-religiösen Botschaft angerührt werden, doch die Gemeinschaft der Gläubigen hat das Haus verlassen. Zurückgeblieben ist ein altes Gemäuer, für den einen ein nicht mehr einsichtiger Zweckbau, für andere möglicherweise noch Anlass zu Erinnerungen an Kindheit und Heimat.

Wie könnte ein derartiges Gebäude, ein derartig entnutztes Ding eine veränderte Bedeutung gewinnen? Wie könnte es erneut in unsere Lebenswelt Eingang finden? Wie könnte es uns durch einen andersartigen Gebrauch, durch eine Umarbeitung, Umdeutung seiner speziell religiös-liturgischen Gestalt weiterhin interessieren? Wie könnten in einer posttraditionalistischen Gesellschaft in einem umgewidmeten Kirchengebäude dennoch eine bestimmte kulturelle Präfigurationen weiterwirken?

3 Das Problem liegt aus meiner Sicht auf dem Feld der sozialen Praktiken. Darunter verstehe ich eingespielte Handlungsmuster und Gepflogenheiten. Sie entstehen im gemeinsamen wiederholten Tun mit anderen, in der Familie, in der Nachbarschaft, in der Schule, bei der Arbeit, beim Kindererziehen, beim Sport. Sie üben sich ein, werden zu Routinen, zu Selbstverständlichkeiten und transportieren doch eine Reihe uns wichtiger Bedeutsamkeiten, ohne dass wir ständig darüber nachdenken oder uns gar mit anderen darüber ausdrücklich verständigen würden.

Aus dieser Sicht besteht soziales Leben aus einem Geflecht fortlaufender miteinander verbundener Handlungspraktiken, in deren Vollzug die Handelnden nicht nur Fähigkeiten und Fertigkeiten, sondern auch ein praktisches Erfahrungswissen erlangen, das ihnen Verständnis für die Mitakteure und Urteilsvermögen für die Sachwelt vermittelt. Durch diese fortlaufende Teilnahme an den Angelegenheiten der Welt erhalten die Handelnden nicht nur einen Sinn dafür, was angemessen, passend, das heißt normal ist, sondern auch eine

Vorstellung von dem, was wichtig, bedeutungsvoll, erstrebenswert ist. Handlungen beinhalten Wertungen. Die Bedeutung, die Wertschätzung einer Sache erschließt sich aus ihrem Gebrauch.

4 Die lebendige Kirche als religiöser Versammlungs- und Kultraum ist Teil eines Praxisgeflechts, in dessen Zentrum der mehr oder weniger regelmäßige Kirchgang und Gottesdienstbesuch steht. Diese Rituale mögen einer sozialen Konvention geschuldet sein oder eher einem lokalen Erwartungsdruck entspringen. Doch werden diese Rituale nicht mehr praktiziert und weichen einer zunehmenden Distanz, einer Gleichgültigkeit, verliert sich auch das Wissen um die Bedeutsamkeit des Gegenstands Kirche. Erschließt sich eine Sache aus ihrem wiederholten praktischen Gebrauch, dann gilt es in unserem Fall der verlassenen Kirche, den Sakralbau in andere, eher profane Handlungspraktiken einzubinden. Durch eine derartige Umsetzung in andersartige Handlungs- und Deutungskontexte könnte eine Umarbeitung, Umformung, Andersverwendung, im besten Fall Neuaneignung des Kirchengebäudes gelingen. Zumindest mögen in einem derart veränderten Praxiszusammenhang Möglichkeiten der Bewahrung und Erhaltung auftauchen, Spielräume des Auch-Anders-Machen-Könnens in den Blick kommen.

5 Neuerdings wird von „Kultur als Praxis“ gesprochen. In diesem Verständnis sind Kulturen keine festgefügten Wertmuster oder Sinnsysteme, die unserem Handeln Richtung vorgeben, sondern Repertoires an kollektiv geteilten Bedeutungs- und Wissensformen, die in unserem Handeln ihren praktischen Ausdruck finden. „Kultur in Aktion“ ist dann wörtlich zu verstehen, es sind Aktionen im Sinne eingeübter Umgangsweisen und eingespielter Praktiken der Gesellschaftsmitglieder, die zum zentralen Bezugspunkt von Kulturanalysen avancieren. „Kultur“ lässt sich danach erst im routinierten Umgang mit Dingen und Sachen wirklich „dingfest“, das heißt sichtbar, aufzeigbar, nachweisbar, nachvollziehbar machen.

6 „D(o)ing Kirche“ nimmt diesen Pragmatismus auf, stellt die Frage nach neuen Möglichkeiten, Explorationen, Umgangsweisen mit einer alten Kirche, deren religiöse und kulturelle Einschreibungen nur noch Kundigen lesbar sind und deren altvordere Gestalt und winterliche Kälte uns abweisen. Kann ihre historische und symbolische Botschaft uns dennoch so ansprechen und herausfordern, dass wir sie in eine veränderte Pragmatik des Handelns überführen? Mag uns ihre vielgestaltige Gegenständlichkeit so anmuten und zu neuen Nutzungspraktiken animieren, dass hieraus nicht nur ein neues „Ding“ – nennen wir es noch immer „Kirche“ – sondern auch ein verändertes „Doing“, ein neues gemeinschaftliches Tun, entsteht? Möglicherweise können wir sie derart wieder in unsere Lebenswelt zurückholen.

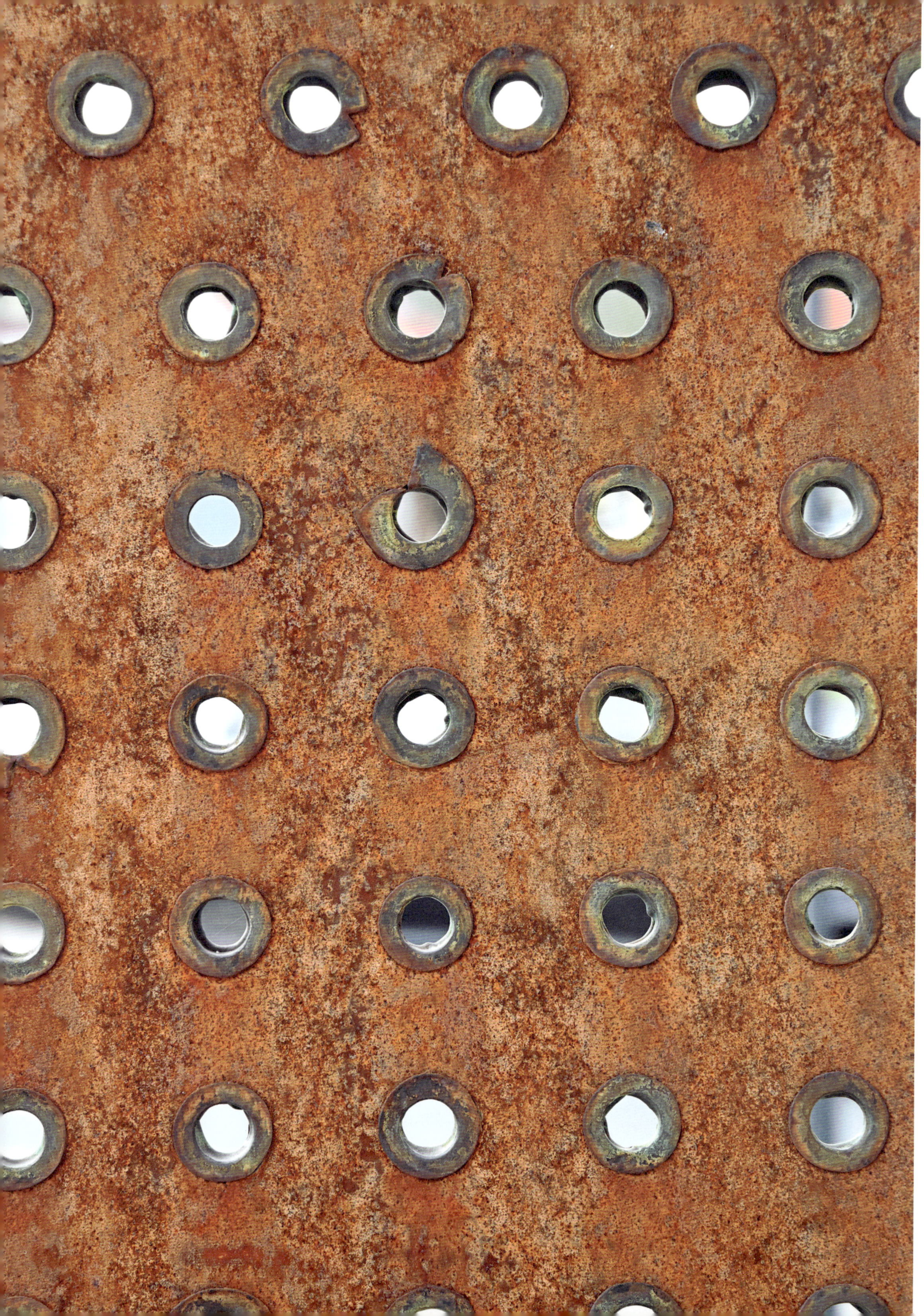

THEOLOGISCHE TRANSFORMATIONEN

ECCLESIA SEMPER REFORMANDA

Ein Gespräch mit Jana Petri über Erprobungsräume

57

Erprobungsräume sind seit 2015 entstanden.

Was sind Erprobungsräume?

Vor dem Hintergrund des enormen Rückgangs der Mitgliederzahlen hat die Evangelische Kirche in Mitteldeutschland (EKM) 2015 ein Programm auf den Weg gebracht und Ressourcen bereitgestellt, um andere Formen von Kirche auszuprobieren. Es wurden bewusst Freiräume eröffnet, die insbesondere denen einen Zugang ermöglichen sollten, die ihn über unsere traditionellen Gemeinden nicht finden. In den Erprobungsräumen werden verschiedene Ansätze getestet und es wird mit unterschiedlichen Formaten experimentiert. Da wir alle nicht wissen, wie es geht, können wir es nur ausprobieren. Diese Haltung stand am Anfang und trägt uns heute noch. Klar werden immer wieder auch Vorhaben und Ideen scheitern, das gehört zum Erproben dazu. Wichtig ist nur, dass wir daraus lernen. Es gibt zurzeit 57 solcher Erprobungsräume. Sie sind keine Randerscheinung mehr, sondern prägen das Bild der mitteldeutschen Kirche mit.

Haben Sie Beispiele parat?

Es gibt an verschiedenen Orten beispielsweise Stadtteilarbeit. Das funktioniert meistens so, dass ein Team ganz bewusst in einen Stadtteil zieht und dort mit den Menschen lebt – zuhört, in Erfahrung bringt, was die Bedürfnisse und Anliegen sind, und danach sucht, wie Kirche dort aussehen könnte. Da gibt es dann vielleicht Feste vor dem Supermarkt, Hausaufgabenhilfen für Kinder, Spieleabende oder seelsorgerliche Gespräche.

> »Im Grunde einfach mitmachen.«

Wir kommen also nicht mit einem fertigen Konzept und bringen etwas bei. So funktionieren Erprobungsräume nicht. Wir leben und arbeiten mit den Akteuren zusammen und stellen die Menschen in den Mittelpunkt. Ein zweites Beispiel ist „Kirche mobil". In sehr ländlichen Gebieten, in denen klassische Kinder- und Jugendarbeit nicht mehr so läuft wie früher, dass die Kinder selbstverständlich in die Gemeinden kommen, kam diese Idee auf. Im Kirchenkreis Eisleben-Sömmerda gibt es die „Mobile Kinder- und Jugendarbeit". In diesem Erprobungsraum fährt ein Team aus Pfarrerin, Gemeindepädagogin und Kirchenmusiker mit einem Kleinbus verschiedene Schulen und Kindergärten an. Dort führen sie Projekte durch, kommen mit den Kindern und Jugendlichen vor Ort ins Gespräch zu Lebensthemen und Glaubensinhalten. Das hat sich so etabliert, dass es nun auch ohne Förderung durch die Gelder der Erprobungsräume weiterläuft und in die „normale" Arbeit des Kirchenkreises integriert wurde.

Das ist alles sehr auf Gemeindearbeit konzentriert. Gibt es auch Erprobungsräume, die mit den Kirchgebäuden selbst arbeiten?

Ja, es gibt auch Erprobungsräume, die mit Kirchengebäuden etwas probieren. Die Jugendkirche Herzschlag in Nordhausen zum Beispiel. Dort ist ein Kirchengebäude mit Jugendlichen gemeinsam so umgebaut worden, dass es nun sehr flexibel genutzt werden kann. Es ist ein Raum, den die Jugendlichen zu ihrem Raum machen durften. Ein anderer Erprobungsraum ist in dem 800 Jahre alten Kloster Dambeck in der Altmark entstanden. Dort bringen vier Familien frischen Wind in die alten Mauern, beten, arbeiten, laden Menschen ein und suchen gemeinsam mit ihnen nach Sinn und Halt und Gott. Oder im brandenburgischen Dorf Jerchel. Dort ist in einer spektakulären Aktion die nicht mehr gebrauchte Kapelle aus der Nachbarschaft „umgezogen" und mit einem modernen Anbau versehen worden. Der Erprobungsraum hier schafft über verschiedene Möglichkeiten der Mitgestaltung Begegnung und spirituelle Erfahrungsräume.

Wie funktioniert Zugehörigkeit bei Erprobungsräumen?

Im Grunde einfach mitmachen. Wenn man Lust und Freude an etwas hat, gibt es kein Hindernis, einfach dabei zu sein. Was beispielsweise das Engagement für ältere Menschen angeht, gibt es in Erfurt mit „Sempers Engel" eine Initiative, bei der sich Leute auf den Weg machen und ältere einsame Menschen besuchen, sie zu Arztbesuchen begleiten, mit ihnen spazieren gehen und ein offenes Ohr für sie haben. Man muss nicht Kirchenmitglied sein, sondern kann in einem Erprobungsraum einfach mitmachen. Vielleicht ergibt es sich in vertrauter Atmosphäre auch irgendwann, dass man über den eigenen Glauben ins Gespräch kommt. Das ist aber keine Voraussetzung. Oft entstehen Gemeinschaften, Freundschaften und vor allem Vertrauen. Das ist die Basis dafür, um vielleicht über tiefere Themen ins Gespräch zu kommen. Zum Beispiel darüber, was einem Sinn im Leben gibt, Halt, Kraft. Und da kann dann auch der Glaube wieder eine Rolle spielen.

»Wir wissen nicht, wo die Reise hingeht ...«

Sind Erprobungsräume beispielgebend?

Als die EKM mit den Erprobungsräumen 2015 als erste deutsche Landeskirche begann, hat das im positiven Sinne hohe Wellen geschlagen. Später sind dann auch andere Landeskirchen der Evangelischen Kirche in Deutschland (EKD) aufgesprungen und haben ähnliche Programme gestartet. Also, man kann schon sagen, dieser Mut ist ansteckend. Wir nehmen diese „Ansteckung" auch wahr, wenn Leute aus verschiedenen Erprobungsräumen zusammenkommen. Wenn wir uns vernetzen, ist eine Energie zu spüren, eine Kraft dahinter, die auch in unsere anderen Gemeinden zurückstrahlt. Es lassen sich immer mehr dazu inspirieren, Kirche etwas anders zu denken, und vor allem wird die Lust geweckt, aktiv mitzugestalten. Wir wissen nicht, wo die Reise hingeht, deshalb ist die kreative Kraft vieler Akteure für den Weg in die Zukunft nötig. Erprobungsräume werfen eine andere Perspektive auf Kirche, die wir unbedingt brauchen.

Was lernt die Kirche als Institution aus solchen Initiativen?

Die Kirche als Großinstitution selbst steckt da in einem Dilemma, würde ich sagen. Auf der einen Seite öffnet sie sich und erlebt, wie neue Menschen über diese anderen Formen von Gemeinschaft einen Zugang finden. Auf der anderen Seite haben viele ihrer Mitglieder noch sehr traditionelle Vorstellungen davon, wie Kirche zu sein hat. Hier zu vermitteln ist keine leichte Aufgabe. Man kann auch die Leute verstehen, die Verantwortung in der Kirche tragen, einer über Jahrhunderte gewachsenen Institution. Dann zu sagen, wir geben Sachen, Gebäude und Mittel einfach frei, wir lassen los, das ist schon auch eine große Herausforderung. Und trotzdem gibt es erste Schritte in Richtung Veränderung. Im November 2023 ist von der Landessynode der EKM zum Beispiel das Erprobungsgesetz verabschiedet worden, mit dem jetzt auch in den Strukturen etwas ausprobiert werden kann. Das ist ein kurzer Gesetzestext, mit dem andere Gesetze zum Zwecke der Erprobung für eine gewisse Zeit außer Kraft gesetzt werden können. Das ist ein großer Schritt.

**Können Sie das konkretisieren?
Für welche Fälle gibt es eine Öffnung?**

Anlass für dieses Erprobungsgesetzt war der Kirchenkreis Gera, der gesagt hat, bei der nächsten Strukturreform kriegen wir es nicht mehr hin, die Mittel auf die vielen, immer kleiner werdenden Kirchengemeinden auseinanderzurechnen. Es sollen stattdessen nun unterschiedliche Akzente gesetzt werden, sogenannte Ausstrahlungsorte. Der eine Ausstrahlungsort legt seinen Schwerpunkt auf diakonische Arbeit, ein anderer auf Familienarbeit. Dazu sollen Pfarrstellen auf Kirchenkreisebene geschaffen werden, um flexibler handeln zu können. Das war bisher so nicht ohne weiteres möglich. Dieses Gesetz macht es jetzt möglich. Nun kann ausprobiert werden, ob das funktioniert.

Kann man aus den Erprobungsräumen schon ersehen, wie möglicherweise neue Formen von Kirche innovativ und wirkungsvoll sein können?

Wir haben einiges gelernt in diesen 10 Jahren. Ein großer „Gelingensfaktor“ der Erprobungsräume ist es, sich die Orte genau anzuschauen und kontextsensibel zu agieren. Ein Sozialraum an Ort A ist ganz anders strukturiert als an Ort B. Daher braucht es sehr unterschiedliche Gemeinschaftsformen. Ob ein Erprobungsraum Resonanz findet – das hat die wissenschaftliche Begleitung herausgefunden –, hängt auch davon ab, ob miteinander Glaube gelebt und nach durchaus sehr unterschiedlichen Formen von Spiritualität gesucht wird.

23

trat das Erprobungsgesetz in Kraft, das Veränderungen in bestehenden Strukturen zulässt.

Wie steht es bei den Erprobungsräumen mit den leidigen, aber eben wichtigen Finanzen?

Wir haben die Regel und Verpflichtung bei den Erprobungsräumen, uns immer auch um alternative Finanzquellen zu bemühen, weil das zukünftig, angesichts schwindender Eigenmittel, immer wichtiger wird. Es gibt einen Zuschuss von maximal 50 Prozent. Bei den einen gelingt das gut und sie sind sehr erfindungsreich beim Einwerben von Mitteln. Sie können Investoren begeistern, Spenderkreise aufbauen und beschäftigen eigene Fundraiser. Viele müssen das erst noch üben. Interessant ist aber, dass die Finanzen gar nicht unbedingt das Wichtigste sind. Sondern dass die Leute miteinander vernetzt werden, dass sie voneinander lernen und dass es eine gute Begleitung gibt, spielt eine sehr entscheidende Rolle. Deshalb haben wir unseren Fokus stärker auf die Begleitung des Netzwerks gelegt und es nun auch geöffnet für an Innovation Interessierte, die selbst keinen Erprobungsraum haben. Wenn viele zusammenkommen, die Lust haben zu gestalten, dann hat das eine große Kraft. Kirche sehe ich als die Institution, die den Zusammenhalt stützt zwischen den doch sehr unterschiedlichen Menschen, die sich hier sammeln, zwischen den Frömmigkeiten, den Gemeinschaften, die sich zum Teil, wie in den Erprobungsräumen, neu formen. Kirche muss sich immer wieder verändern, weil sich auch Umwelt, Gesellschaft und Kulturen verändern. Die Reformatoren haben uns das ins Stammbuch geschrieben: „Ecclesia semper reformanda." Das kann gelingen, wenn Innovation und Tradition, Stabilität und Flexibilität, gut zusammenspielen und sich die unterschiedlichen Begabungen und Perspektiven ergänzen dürfen. Und wenn wir das Vertrauen behalten auf Gott, der letztlich seine Kirche baut.

Das Gespräch führte Aline Ott.

50 % der Finanzierung werden von Eigenmitteln bezuschusst, um neue Erprobungsräume aufzubauen.

Jana Petri ↗
Pfarrerin, Projektleiterin der Erprobungsräume, Referentin für Gemeindeentwicklung im Landeskirchenamt der EKM, Leiterin des Baureferats der EKM

ERPROBUNGSRÄUME

In der evangelischen Kirche sind „Erprobungsräume" innovative Projekte, die neue Formen von Gemeinde und Kirche erproben und entwickeln. Sie sind Orte des Experiments, an denen neue Ansätze ausprobiert werden, um Glauben und Gemeindeleben in den sich wandelnden gesellschaftlichen Kontexten zu verankern. Die Idee der Erprobungsräume wurde von der Evangelischen Kirche in Mitteldeutschland 2015 initiiert. Ziel ist es, ergänzende Formen des Kirche- und Gemeindeseins zu entwickeln, die auf die veränderten Bedürfnisse und Lebenswelten der Menschen eingehen. Dabei werden bewährte und neue Formen des Kirche-Seins miteinander kombiniert, mit dem Ziel, vielfältigere Zugänge zum christlichen Glauben zu finden. Erprobungsräume zeichnen sich durch ihre jeweilige Kontextbezogenheit, die Einbindung freiwillig Mitarbeitender und die Erschließung alternativer Finanzquellen aus. Sie bieten Raum für Experimente und Lernprozesse, die die gesamte Kirche bereichern.

»SAKRALRAUMTRANSFORMATION«

EINBLICKE IN EIN AKTUELLES FORSCHUNGS-PROJEKT

Ein Gespräch mit Kerstin Menzel über TRANSARA

4 % aller evangelischen Kirchengebäude in Deutschland stehen in Ostdeutschland.

Was machen Sie in dem Forschungsprojekt TRANSARA?

Wir sind ein interdisziplinäres Projekt, das einige der Bereiche abdeckt, die bei Nutzungsveränderungen von Kirchengebäuden involviert sind: die Theologie und damit auch die kirchliche Perspektive, die Kunstgeschichte und damit auch die Denkmalpflege, die Architektur und auch die Immobilienwirtschaft. Wir haben in einem ersten Schritt im Vergleich zwischen der Region Aachen und der Region Leipzig-Halle-Merseburg erhoben, welche Transformationen eigentlich stattfinden. Wir haben alle Beispiele in einer Datenbank gesammelt, wo Nutzungsveränderung und bauliche Veränderung zusammenkommen. Dann haben wir die unterschiedlichen Landschaften der Transformation beschrieben. Mediale Aufmerksamkeit bekommen vor allen Dingen die großen Umnutzungen, wo die Kirche ihre Gebäude abgibt. Wenn man aber quantitativ schaut, fällt auf, dass es sehr viel mehr Neunutzungen und Neubauten gibt, als man vermuten würde. Vor allem in Ostdeutschland, wo die Mitgliederzahlen wirklich im niedrigen Bereich sind, ist erstaunlich, wie viele Kirchengebäude auch reaktiviert oder neu gebaut werden. Dann gibt es viele offene Prozesse, viele Kirchen, bei denen einfach lange unklar ist, was mit ihnen passieren wird. Es gibt viele kleine, unauffällige, aber durchaus ästhetisch anspruchsvolle und vor allen Dingen auch wirklich reaktivierende Nutzungsveränderungen. Wir sagen manchmal, die häufigste Sakralraumtransformation ist der Einbau einer kleinen Teeküche und von Toiletten, weil allein das schon viel mit einem Kirchengebäude macht. Man kann einen Treffpunkt etablieren, wenn die basalen körperlichen Bedürfnisse gedeckt sind. Natürlich gibt es auch tatsächliche Umnutzungen, davon mehr in Westdeutschland als im Osten. Das ist insofern interessant, als die ostdeutschen Kirchen schon früh angefangen haben, Kirchen umzunutzen. Heute sind gerade diese Kirchen, die gut 40 Prozent aller evangelischen Kirchengebäude in Deutschland ausmachen, eher zurückhaltend, was Verkauf und Umnutzung angeht. Wir haben aus unseren breiten Erfassungen 16 Fallbeispiele ausgewählt, die für die jeweiligen Transformationspfade typisch sind, und schauen uns dort an: Was sind die Aushandlungsprozesse vor der Transformation, während der Transformation und im Verlauf der neuen Nutzung? Denn Aushandlungsprozesse hören nicht auf, sobald eine neue Nutzung gefunden ist. Uns interessiert auch, welche ästhetischen Lösungen sich finden und wie die Perspektive der unterschiedlichen Akteure ist.

Wie hängt diese Form von Räumlichkeit mit dem, was wir Gemeinschaft nennen, zusammen? Gibt es da eine Wechselwirkung?

Die Architektursoziologie sagt, dass sich in den Räumen die Konzepte einer Gemeinschaft in einer Weise zeigen, wie wir sie nicht auf einem Blatt Papier beschreiben könnten. Sie zeigen sich in ihrer baulichen Gestalt. Man sagt Kirchengebäuden nach, dass die Liturgie, also der Gottesdienst, die Baumeisterin der Kirche ist. Das halte ich für etwas unterkomplex, weil da ein viel stärkeres Wechselverhältnis, ein starkes Ineinander von Gottesdienstentwicklung und Raumentwicklung über die Geschichte hinweg existiert. Man weiß nicht: Richten sich die Gottesdienste nach den Räumen, in denen man sich bewegt, oder baut man immer wieder um oder auch neu, weil man neue Gottesdienste feiern will? Ich glaube, es ist beides. Manchmal verändern Kleinigkeiten den Raum und das Raumerleben. Manchmal räumen Leute Gegenstände in Kirchen und diese verhalten sich dann quer zu dem, wie Gebäude gebaut sind. Da stehen dann Schilder für die Pilgernutzung und die kunsthistorische Erklärung in einem Raum, der aber zugleich auch als geistlicher Raum, als Raum für persönliche religiöse Praxis funktionieren soll. Das widerspricht sich dann ein wenig. Für mich gehört das, was da so an Gegenständen rumliegt und -steht, immer auch zum Raum dazu. Man könnte fast sogar sagen, dass die Räume selbst Akteure sind in diesen Aushandlungsprozessen, dass sie eine Eigenständigkeit, manchmal auch eine Widerständigkeit haben oder eine Dynamik entwickeln, mit der keiner vorher gerechnet hat.

Könnten Sie näher differenzieren, wie sich Hybridität – wie Sie das im Forschungsprojekt nennen – ausdrücken kann?

Wir haben im Leipziger Teilprojekt eine kleine Typologie entwickelt. Hybrid heißt bei uns ganz funktional: Nutzung durch Kirche einerseits und säkulare Akteure andererseits oder die Kombination von religiösen und säkularen Nutzungspraktiken. Wir unterscheiden das, um dann das Wechselspiel und die gegenseitige Beeinflussung der jeweiligen Bereiche genauer anzuschauen. Wir haben vier Typen. Der eine ist Simultanität, also die gemeinsame Nutzung desselben Raums, – ein Raum, der von unterschiedlichen Logiken

»Häufig wird gefragt: Wo ist die Grenze?«

bespielt wird. Das wären zum Beispiel die klassischen Wegekirchen, mit oft simultanen Nutzungen: Fahrradkirche oder Pilgerkirche. Die Her(r)bergskirchen sind auch simultane Räume. Auch die Mitnutzung für kulturelle Veranstaltungen oder als Veranstaltungsraum einer Schule. Das zweite Konzept ist Separation, wenn also eine Raumtrennung eingefügt wird. Das können Einbauten sein, Wände oder Decken. Es gibt vertikale und horizontale Teilungen. In der Heilandskirche in Leipzig zum Beispiel wurde schon in den 80er Jahren auf Höhe der Emporen eine Zwischendecke eingezogen. Nachdem dort lange ein Archiv für Kunstgüter war, ist vor einigen Jahren das Konzept eines Stadtteilzentrums entwickelt worden. Unten finden nun Proben, Veranstaltungen und Vermietungen statt und oben ist der Sakralraum, der ebenfalls multifunktional genutzt wird. Der dritte Typus ist vielleicht etwas, was bisher weniger im Blick gewesen ist: Da entsteht etwas im Umfeld der Kirche, das aber Rückwirkung auf die Nutzung des Kirchenraums selbst hat. Wir nennen das Anlagerung. Etwa die Kultur- und Bildungswerkstatt in Nöbdenitz, wo neben dem Kirchengebäude der Pfarrhof unter anderem mit einem Backofen neu belebt wurde, oder der Campus Lorenzo, wo um die Laurentiuskirche in Leipzig ein diakonisches Zentrum entsteht. Als viertes gibt es die klassische Umnutzung, für uns der Typus Ablösung, wo man diskutieren kann: Wo geht diese eigentlich los? Das haben wir im Forschungsprojekt am Anfang intensiv getan, weil Architekten gesagt haben, Umnutzung ist, wenn man einen Bauantrag stellt. Allerdings kann es auch einen Antrag auf Nutzungsänderung geben, wenn man eine zweite Nutzung reinzieht ins Kirchengebäude, es sich also um eine Quernutzung oder eine hybride Nutzung handelt. Für mich ist ein wichtigeres Indiz für eine Umnutzung, wenn eine Kirche verkauft wird, also aus der kirchlichen Trägerschaft geht. Oder wenn die gottesdienstliche Nutzung ganz endet, eine Kirche vielleicht entwidmet oder profaniert wird. Insbesondere sind es kommerzielle Orte, die ich ganz klar als Umnutzung bezeichnen würde, und Orte, in denen das, was der Kirche symbolisch eingeschrieben ist, fraglich wird. Wenn also der Charakter der Kirche als ein Ort der Identität, die auch Brüche integriert, oder als ein Ort der Gemeinschaft, die soziale Grenzen überschreitet, verloren geht. Häufig wird gefragt: Wo ist die Grenze? Ich denke inzwischen, das Entscheidende bei Kirchengebäuden, die ja als öffentliche Orte gebaut sind, ist, dass sie für unterschiedliche Menschen und nicht als Privatbesitz funktionieren.

Wir haben in unserem Projekt viele Menschen, die sich um die Kirche kümmern, selbst aber gar nicht Mitglied sind. Ein eigenwilliges Phänomen?

Das ist ein gesamtdeutsches Phänomen, aber in Ostdeutschland besonders ausgeprägt. Gerade in Zeiten, in denen es schwierig war, Kirchengebäude zu erhalten, also schon zu DDR-Zeiten mit wenig Baumaterial, aber auch nach der Wende, als sich viele Kirchbauvereine gegründet haben. Da haben sich Menschen aus der Kirche und Konfessionslose miteinander verbunden. Man kann daran zwei Aspekte festmachen. Der eine Aspekt ist Identität. Kirchengebäude sind neben ihrer religiösen Bedeutung auch Orte lokaler und biografischer Identität. Sie stehen oft in der Mitte des Stadtteils oder des Dorfes. In die Kirchengebäude hat sich häufig auch die Geschichte des ganzen Ortes eingeschrieben. Sie gehören deswegen für die Menschen auch selbstverständlich dazu. Und zum zweiten sind Kirchen öffentliche Orte. Zumindest sind sie so gebaut worden: als Orte für die gesamte Gesellschaft. Im Mittelalter und auch noch lange darüber hinaus waren sie Orte der Begegnung. Sie sind bis heute soziale und nicht zuletzt auch kulturelle Orte und dies schätzen viele Menschen.

% der Kirchengebäude der Evangelischen Kirche in Mitteldeutsch sind denkmalgeschützt.

Welche Entwicklungen zeichnen sich im Moment ab?

Alle Landeskirchen und Bistümer entwickeln derzeit Programme, in denen sie ihre Kirchengebäude erfassen, beschreiben und kategorisieren. Zudem planen sie die zukünftige Nutzung der Kirchengebäude sowie anderer Immobilien. Viele der Entscheidungen über die Abgabe von Kirchengebäuden sind aber nicht so klar planbar. Es gibt Priorisierungsentscheidungen, die beziehen sich im Moment vor allem auf die landeskirchliche Finanzierung oder auf die Zuschüsse für Bauvorhaben. Der Kirchenbau ist schon immer ein Bereich gewesen, der nicht nur über Kirchensteuer und Abgaben der Mitglieder finanziert wurde, sondern auch über öffentliche Gelder und vor allen Dingen auch über freiwillige Spenden. Das gilt in Ostdeutschland bis heute in besonderer Weise, da ist der Anteil öffentlicher Fördermittel hoch, besonders bei Vorhaben, die städtebaulich oder für die Regionalentwicklung bedeutsam sind. Die Entscheidung, ein Gebäude aus der landeskirchlichen Finanzierung oder Mitfinanzierung zu nehmen, ist daher noch lange keine Entscheidung, dass es verkauft oder abgerissen wird, sondern zunächst einmal ein Signal, dass es hier in Zukunft andere Finanzierungsmodelle brauchen wird. Den Abriss findet man vor allen Dingen in Regionen, in denen es einen hohen Druck auf die Vermarktung von Grundstücken gibt. Das merken wir in unserem westdeutschen Untersuchungsraum, wo Wohnungsbau eine große Rolle spielt und wo viele Gebäude stehen, die nicht als Denkmal geschützt sind. Dort, wo es Investoren gibt, werden auch Kirchengebäude verkauft. Da, wo es die nicht gibt, wo kein Druck auf Grundstück oder Gebäude ist, also vor allen Dingen in peripheren Regionen, ist es unfassbar schwierig, ein Kirchengebäude zu verkaufen, weil es einfach zu wenig Menschen gibt, die investieren. Viele Kirchen, die als „nicht mehr nötig" oder als „zur Abgabe" deklariert werden, sind zugleich häufig in einem baulich schlechten Zustand, sodass hohe Investitionen nötig sind, oder sie liegen in peripheren Regionen.

Gibt es Unterschiede zwischen den Umnutzungen in Ost- und Westdeutschland?

Wir stellen im Vergleich zwischen diesen beiden Untersuchungsräumen fest, dass wir in Ostdeutschland deutlich weniger Übergaben an andere Konfessionen haben. Das hat damit zu tun, dass wir in Ostdeutschland eine religiös homogenere Gesellschaft haben, oder eher eine fast homogen nichtreligiöse Gesellschaft. Es gibt einfach weniger andere Konfessionen, die ein Kirchengebäude übernehmen könnten. Dafür haben wir in Ostdeutschland mehr hybride Nutzungen wie oben geschildert, wo Kirche mit anderen gesellschaftlichen Akteuren zusammenarbeitet. Das wiederum ist unserer Ansicht nach damit verbunden, dass der Minderheitenstatus schon länger etabliert ist und man auch schon länger gemerkt hat, dass man bestimmte Dinge nur noch gemeinsam tun kann. Ein großer Kontrast zwischen Ost und West ist natürlich der Anteil der Nachkriegskirchen. In der Evangelischen Kirche im Rheinland sind nur 60 Prozent der Kirchengebäude denkmalgeschützt. In Mitteldeutschland sind es 98 Prozent. Das merkt man auch in der Praxis. In Westdeutschland gibt es mehr Abrisse und eben völlige Umnutzungen, weil Umbau ohne denkmalpflegerische Anforderungen möglich ist, die Baumaßnahmen oft teurer machen, auf der anderen Seite aber auch finanzielle Zuschüsse ermöglichen. Wir haben im ostdeutschen Raum noch mehr so richtig dörfliche Settings, wo die Kirche mitten im Dorf steht. Da haben wir ganz viele Kirchen am Weg, also Pilger- oder Fahrradkirchen oder auch die Her(r)bergskirchen. Im Westen spielen halb verdichtete Stadträume eine stärkere Rolle. Dort gibt es eher Kolumbarien, also die Einrichtung von Grabplätzen in Kirchengebäuden, aber auch einen Umbau von Kirchen zu Wohnungen.

»Dort, wo es Investoren gibt, werden auch Kirchengebäude verkauft.«

Braucht Kirche denn eigentlich noch Kirchengebäude?

Oft heißt es, dass man in Menschen statt in Steine investieren will. Diese Ansicht geht davon aus, dass Kirche in erster Linie irgendwelche Handlungsformen hat und dafür nachrangig vielleicht noch Gebäude braucht. Aber Kirche kann ja gar nicht anders geschehen als räumlich. Und wenn wir uns auch bei Regen und Kälte treffen wollen, ist es gut, ein Dach über dem Kopf zu haben. Das Wunderbare ist, dass diese Kirchengebäude, die Gemeindehäuser und die Pfarrhäuser, die wir haben, viel mehr als ein Dach über dem Kopf sind – sie sind gebaute Ideen. Sie sind Architektur und nicht einfach nur irgendeine Hülle. Die Chance von Kirchengebäuden ist, dass sie örtlich so stark vernetzt sind. An diesen Gebäuden hängt Leidenschaft, weil sie mit einem Stadtteil oder mit einem Dorf und den Menschen, die da leben, verbunden sind. Sie sind positiv besetzt und haben häufig biografische Bedeutung. Ich glaube, dass die Kirchengebäude ein ganz hohes Potenzial für Engagement haben, dafür, dass Leute sich beteiligen und einbringen, ihre Freizeit aufwenden. Kirchen sind auch finanziell wirkliche Ressourcenträger. Menschen sind bereit, dort zu investieren, um eine Kirche zu erhalten oder wieder nutzbar zu machen. Damit ermöglichen sie den Erhalt ihres Kulturerbes, soziale Orte in ihrem Lebensraum, aber auch kirchliche Arbeit, die sich trotz Mitgliederrückgangs grundsätzlich an alle Menschen vor Ort richtet.

Das Gespräch führte Aline Ott.

»Kirchengebäude sind neben ihrer religiösen Bedeutung auch Orte lokaler und biografischer Identität.«

Dr. Kerstin Menzel ↗
Vertretungsprofessorin für Praktische Theologie in Halle, Forschungsgruppe „Sakralraumtransformation" als Mitarbeiterin im Teilprojekt 2 in Leipzig

TRANSARA

Die von der Deutschen Forschungsgemeinschaft geförderte Forschungsgruppe „Sakralraumtransformation" (TRANSARA), der Forscher in Bonn, Köln, Regensburg und Leipzig angehören, untersucht seit 2020 die neue Nutzung von Kirchengebäuden in Deutschland. Ein Schwerpunkt des Leipziger Teilprojekts liegt auf der Untersuchung von hybriden Räumen, also Räumen, die sowohl sakrale als auch säkulare Funktionen haben. Ihre Arbeitsergebnisse stellt die Gruppe in einer Wanderausstellung vor, die auch online zu besuchen ist:

→ www.transformationslandschaften.de
→ Website der Forschungsgruppe: www.transara.de

OUTRO

186

DIE ZUKUNFT EINER NEUEN SOZIALEN FORM VON KIRCHE

Thomas Erne

Es ist das Jahr 2035. In der kleinen Dorfkirche in Roggenstorf in Mecklenburg werden gerade die mobilen Marktstände geschlossen und zur Seite gerollt. Morgen ist hier Gottesdienst, unter der Woche ist Markt. Manche Dorfbewohner, die schon ihr ganzes Leben in Roggenstorf sind, waren zum ersten Mal in der Kirche, seitdem man hier einkaufen und Kaffee trinken kann. Sehr viel mehr Besucher sind es nicht geworden. Aber die Kirche, die mitten im Dorf steht, ist wieder zu dessen Zentrum geworden. Auch in Damshagen, einem kleinen Ort im Klützer Winkel, hat sich etwas getan. Im wuchtigen Turm der Kirche, die am Radwanderweg liegt, gibt es eine Fahrradwerkstatt und ein Café, in den oberen Stockwerken sind das Archiv und die Bibliothek des Dorfes untergebracht. Gottesdienst findet am Sonntag im Schiff der Kirche statt.[1]

Von den Dorfkirchen in Mecklenburg führt mich meine Reise im Jahr 2035 quer durch Deutschland nach Thüringen zum Rennsteig. Die erste Nacht meiner Wanderung verbringe ich im Turmzimmer der Lutherkirche in Tambach-Dietharz. Die nächste Etappe führt mich nach Oberhof. Dort übernachte ich in der Christuskirche. Am Abend des dritten Tages erreiche ich die Michaeliskirche in Neustadt, die Urmutter aller Her(r)bergskirchen. Am vierten Abend schlafe ich wohlbehalten in der St. Nikolaikirche in Frauenwald. Als der fünfte Tag zur Neige geht, liege ich selig in meinem Bett in der barocken Matthäuskirche in Spechtsbrunn und schließlich, am sechsten Tag meiner Wanderung, verbringe ich eine wohlbehütete Nacht in der Kreuzkirche in Grumbach. Wie Perlen reihen sich die Her(r)bergskirchen auf dem Rennsteig aneinander. Es ist nicht nur ein Erlebnis, in diesen Kirchen zu übernachten. Auf meiner Wanderung begleitet mich wie das Volk Israel auf seiner Wüstenwanderung eine Wolke: Es ist die Gastfreundschaft der Gemeinden, die mich in diesen Her(r)bergskirchen umhüllt. Diese Kirchen sind die Keimzelle einer neuen Form von Gemeinschaft. Nicht zu unterschätzen ist dabei das Internet. Die Her(r)bergskirchen sind über Airbnb weltweit vernetzt. Aber das digitale Netzwerk ersetzt nicht den persönlichen Kontakt. Die Gäste der Her(r)bergskirchen treffen auf gastfreundliche Gemeinden, die die Daseinsweitung ihrer Gäste im Schlaf und ihr Erwachen im Kirchenraum umsichtig begleiten. Für die Gäste aus aller Welt reicht es oft aus, für eine Nacht vom Geheimnis dieser Kirchen berührt zu werden. Aber sie wollen dann auch mit jemandem reden, der dieses Geheimnis nicht nur beim Übernachten, sondern auch im Gottesdienst erlebt.

1 Vgl. DIRK BAYER / KATRIN KERN / ANDREA UHRIG, „Grenzwertig. Die Zukunft der Kirche im ländlichen Raum“, in: Thomas Erne (Hg.), *Kirchbautag Rostock 2011*. Marburg 2012, S. 63–82.

Es ist ein kleines Wunder, welche neuen Formen des Miteinanders um ein einfaches Bett in einem Kirchenraum entstehen. Wen das jedoch nicht wundert, das sind Architektursoziologinnen wie Martina Löw, Heike Delitz und Silke Steets. Denn das ist eine ihrer zentralen Erkenntnisse: Eine architektonische Setzung, und sei es nur ein Bett in der Kirche oder „das Positionieren von Kindern im Altarraum"[2], erzeugt neue Formen des sozialen Handelns und der Gemeinschaft. Ja, eine nachhaltige Veränderung der Institution Kirche ist auch mit einem Bett im Kirchenraum möglich. Und umgekehrt führt das Bewusstsein der Gemeinde, die weiß, dass sie sich öffnen und neue Wege gehen muss, zu innovativen architektonischen Setzungen, etwa zum „Leer_raum" in Tübingen oder zum mobilen Marktstand in der Dorfkirche in Roggenstorf. Im Jahr 2035 hat sich der „Leer_raum" in der Stiftskirche in ein offenes Zentrum für Spiritualität und Kultur für die ganze Stadt entwickelt. Organisiert wird die neue Stiftskirche von 150 Gemeindegliedern, die an die alte Idee anknüpfen, dass eine Stiftskirche von Stiftern getragen wird.

Die Initiative für diese Öffnung wird in den nächsten 10 Jahren nicht nur wie in Tübingen oder in Roggenstorf von innen, aus dem Zentrum der um den Gottesdienst versammelten Gemeinde, kommen können. In Krobitz etwa kam die Idee von außen, vom Bauamt der Landeskirche und der IBA, die einen Künstler einluden, die vergessene kleine Kapelle auf dem Feld zu neuem Leben zu erwecken. Und das geschah durchaus abweichend von der Liturgie des Gottesdienstes, also den üblichen Abläufen, die die christliche Gemeinde in diesem Raum viele Jahrhunderte verfolgte. Die Feuerorgel von Carsten Nicolai steht nun mitten im Kirchenraum, wo sonst während eines Gottesdienstes die Gemeinde sitzt. Es ist daher auch das Kunstwerk, nicht der Kultus, es ist der Klang der Feuerorgel und die Atmosphäre des Raums, welche die neuen Formen der Gemeinschaft aus Dorfbewohnern und Gästen stiftet – ganz ohne Kirchenmitglieder, die zunächst keine Rolle spielten. Mutig waren andere. Christoph Bachhaus, der Pfarrer, der für Krobitz zuständig ist, sagt daher den schönen und demütigen Satz: „Aber sie [IBA, Bauamt der EKM, der Künstler Carsten Nicolai] waren mutig und haben den Stein ins Rollen gebracht. Und für mich resultiert daraus die schöne Aufgabe als Pfarrer, die Gemeinschaft, die dort entstanden ist, zu begleiten."[3] Mit dem Evangelium, das die Menschen anspricht, kann Christoph Backhaus diese neu entstandene Gemeinschaft aber erst dann begleiten, wenn er verstanden hat, was das Kunstwerk und der Raum in den Leuten auslöst, die nicht als Kirchenmitglieder kommen. In Krobitz waren erst die Leute da und dann, später, kam auch die Gemeinde.

2 MARTINA LÖW, *Raumsoziologie*. Frankfurt a. M. 2001, S. 185. Martina Löw erwähnt neben den Kindern im Altarraum auch ein Bett als Beispiel für die Veränderung institutionalisierter Strukturen, allerdings im Wohnzimmer, nicht in einer Kirche.

3 Gespräch mit Christoph Backhaus. S. 56 in diesem Band.

Überall, wohin man in Deutschland im Jahr 2035 schaut, haben sich evangelischen Kirchen geöffnet. Es sind Orte der religiösen Daseinsweitung *und* der spirituellen und kulturellen Transzendenz, ja, auch der ganz praktischen Daseinsfürsorge wie in Roggenstorf. Ihr religiöses Profil haben sie behalten. Gottesdienste gibt es in allen diesen Kirchen. Und eine Gemeinde gibt es, deren sachliches Gewicht gewachsen ist, obwohl die Mitglieder weniger geworden sind. Doch es ist etwas dazugekommen: die Leute. Jene Kirchen, die eine erkennbare christliche Praxis mit offenen Enden verbinden, haben Leute dazugewonnen.

Jedoch ist die Balance von offenen Rändern und religiösem Zentrum, kultureller und religiöser Daseinsweitung, von Marktstand und Gottesdienst nicht immer einfach und muss stets neu gesucht und ausgehandelt werden. Da das Verhältnis fragil ist, kann es auf die eine oder andere Seite kippen. Auf der einen Seite gehen dann die Mitglieder verloren und mit ihnen eine gelebte und erkennbare Christlichkeit, auf der anderen Seite verliert die Kirche mit den offenen Enden einer ungebundenen Spiritualität die Leute.

2035 wird im Schiff der Martinskirche in Apolda das neue Kulturzentrum fertig sein. Es ist wie ein Haus im Haus auf Stützen in das alte Schiff der Lutherkirche eingestellt. Bereits die spektakuläre Architektur zieht Leute von fern und nah an. Unter den Stützen ist ebenerdig ein Durchgang entstanden, der in jeder Schulpause der Treffpunkt der Schüler des benachbarten Gymnasiums ist. Nachtmittags finden Workshops der Diakonie in den zwei Stockwerken über dem offenen Erdgeschoss statt, abends wird der große Saal im obersten Stock für Feste und Vorträge genutzt. Das alte Schiff der Martinskirche ist voller Leben, ein Zentrum der Apoldaer Zivilgesellschaft. Von den Themen, den Kontakten, dem Leben im Schiff profitiert auch die Kirchengemeinde, die im Chor ihre Gottesdienste feiert. Sie profitiert so sehr, dass sie sich im Jahr 2035 entschlossen hat, die Mauer einzureißen, die zuvor den Gottesdienst im Chor der Martinskirche vom Kulturzentrum im Kirchenschiff getrennt hatte.

In Ellrich hat sich die Kirche in die andere Richtung bewegt. Das zeichnete sich bereits bei der Renovierung des Innenraums ab. Anfangs war die Kirche eine Werkstatt für ein Netzwerk, das die Zivilgesellschaft in Ellrich verband. Hier hatte man den Eindruck, dass eine Stadt aufbricht, um sich selbst zu finden, etwas auszuprobieren, zu experimentieren. An die Stelle des Werkstattcharakters trittt dann eine sakrale Monumentalität, die zu den wieder neu errichteten Türmen passt. Die Kirche, die offen war für alle, ist jetzt wieder abgeschlossen, aus Sorge, es könne der wertvolle Innenraum beschädigt werden. Die Idee des Netzwerks ist nicht ganz verloren gegangen. Nach wie vor gibt es Feste, Feiern, sogar Tanz in der Kirche. Aber die Sakralisierung des Innenraums belastet die offenen Ränder. Der Raum gebietet Ehrfrucht vor dem Heiligen und dämpft die Lust am Experiment.

Ernst Troeltsch hat am Ende seines monumentalen Werkes über die Soziallehren der christlichen Kirchen und Gruppen eine Prognose über die Zukunft des Protestantismus abgegeben, die auch heute, mehr als hundert Jahre später, aktuell ist und nur in Nuancen modifiziert werden muss, nicht im Grundsatz.[4] Troeltsch hat hellsichtig vorausgesehen, dass im Zentrum des Protestantismus, wo, anders als beim Katholizismus, die individuelle Persönlichkeit steht, „die Tage eines reinen Kirchentypus [...] gezählt sind"[5]. Eine Kirche, die sich ausschließlich über ihre Mitglieder organsiert, wird sich in dieser reinen Form nicht auf Dauer halten können, wenn ihr innerstes Wesen die Selbsttranszendenz jedes einzelnen Menschen ist. Vielmehr wird im Protestantismus der reine Kirchentypus zunehmend durchsetzt werden von Momenten der Mystik, von einer freien Spiritualität. Genau das zeichnet sich heute ab und macht die Pointe der neuen sozialen Form von Kirche in Mecklenburg, in Thüringen oder in Württemberg aus. Es ist eine Form von Kirche, die Mitglieder und Leute verbindet, die ein religiöses Zentrum darstellt, mit erkennbarer Christlichkeit, aber auch mit offenen Rändern, offen für eine Spiritualität, die vage bleiben will.

Welche neuen sozialen Formen von Kirche entstehen, wenn Kirchenräume geöffnet werden für Leute und nicht nur für Mitglieder? Wie sieht das aus, wenn die Gäste der Her(r)bergskirche, die dort übernachten und mit ihren Gastgebern zusammen sind, in diesem Kirchenraum auch beten? Welche Gemeinschaft entsteht bei diesen Begegnungen? Darf man dieses Netzwerk auch eine Art von Gemeinde nennen? Und wie verändert die Aufstellung eines Bettes im Kirchenraum die Institution Kirche? Das sind die Fragen, die uns auch die nächsten Jahre beschäftigen werden. Die Chancen stehen gut, dass die evangelische Kirche offener, flexibler, elastischer und pragmatischer wird. Neben klassischen Gemeindekirchen und Gemeindezentren, die ausschließlich der Versammlung einer christlichen Gemeinde dienen, und neben einer weitgehend organisationslosen Spiritualität, die sich in Formen der Glücksuche, in der Mediation, im Yoga oder in der Kunst ausbildet, wird es Kirchen geben, die beides verbinden. In diesen offenen Kirchen werden die christlichen Gemeinden gelernt haben, mit offenen Rändern zu leben und so die Leute für sich zu gewinnen.

4 Vgl. ERNST TROELTSCH, *Die Soziallehren der christlichen Kirchen und Gruppen.* Tübingen 1922, S. 980–986.

5 Ebd., S. 981.

ANHANG

OFFENE ENDEN – NEUE SOZIALE FORMEN IM KIRCHLICHEN KONTEXT
Ein Projekt der Evangelischen Kirche in Mitteldeutschland (EKM)

Gefördert von
- Wüstenrot Stiftung
- Förderprogramm der Evangelische Kirche in Deutschland

Gesamtleitung
- Elke Bergt

Team EKM
Sabine Görgens, Aline Ott, Marion Müller, Marcus Schmidt

Team chezweitz GmbH
- Dr. Sonja Beeck
- Claudia Besuch
- Carlotta Markötter
- Detlef Weitz

Besonderer Dank an die Vertreter der ausgewählten Modellprojekte
- Feuerorgelkapelle Krobitz
- Her(r)bergskirchen Thüringer Wald: Michaeliskirche, Neustadt am Rennsteig; Lutherkirche, Tambach-Dietharz; Matthäuskirche, Spechtsbrunn; St. Katharina, Hirschberg an der Saale
- Bienen-Garten-Kirche St. Peter und Paul in Roldisleben
- Netzwerkkirche St. Johannis in Ellrich
- Soziokulturelles Zentrum in der Martinskirche Apolda

Einen herzlichen Dank für die Abdruckrechte der überaus passenden Texte:
- Hans Joas
- Detlef Pollack

Und natürlich allen voran einen herzlichen Dank an die Autoren der speziell für diese Publikation geschriebenen Aufsätze:
- Karl-Heinz Hörning: D(o)ing Kirche
- Claudia Neu: Zusammenhalt knüpfen – Soziale Orte als lokale Kraft

ABBILDUNGEN

- **Seite 06, 08, 11, 12, 15, 16, 19, 20, 188, 191, 194**
  chezweitz
- **Seite 24, 26, 27, 39, 40, 57, 58**
  Thomas Müller
- **Seite 25**
  Jürgen Willinghöfer
- **Seite 28**
  Elke Bergt
- **Seite 42, 43,**
  Henry Sowinski
- **Seite 59, 119**
  René Fietzek
- **Seite 60, 61**
  Ralf Klöden
- **Seite 75, 78, 79**
  Matthias Hamann | VG Bild-Kunst 2025
- **Seite 77**
  Atelier ST
- **Seite 93, 94, 96**
  Marcus Glahn
- **Seite 98**
  René Zieger
- **Seite 127**
  Thomas Nitz
- **Seite 177**
  Elias Petri
- **Seite 185**
  Anna-Kristina Bauer

TEXTE

Alle Bibelzitate
Die Bibel nach Martin Luthers Übersetzung, revidiert 2017, © 2016 Deutsche Bibelgesellschaft, Stuttgart

Detlef Pollack: Kirche und ...
Ergänzte Auszüge aus: Detlef Pollack, „Theologen auf dem Holzweg", in: Frankfurter Allgemeine Zeitung, Printausgabe vom 15.11.2023; „‚Ich kenne keinen Landstrich auf der Welt, in dem es keine Religion gibt'", in: Frankfurter Allgemeine Sonntagszeitung, Printausgabe vom 30.07.2023 (Gespräch von Reinhard Bingener mit Detlef Pollack) und MDR Kultur *Diskurs* (Podcast) „Die Kirche in der Krise. Der Religionssoziologe Detlef Pollack im Gespräch mit Mechthild Baus" vom 30.10.2022.

Hans Joas: Säkularisierung, Globalisierung, Selbstoptimierung
Auszüge aus: Hans Joas, *Warum Kirche?*, © 2022 Verlag Herder GmbH, Freiburg i. Br., Kapitel 5, S. 97–116.

Zahlenstatistiken
Quelle: https://www.ekd.de/statistik-kirchenmitglieder-17279.html (letzter Zugriff: 5.5.2025)

BIOGRAFIEN

Christoph Backhaus ist Pfarrer im Pfarrbereich Knau-Triptis, zu dem auch die Kirchgemeinde Weira mit der Feuerorgelkapelle Krobitz gehört. Es ist seine erste Pfarrstelle.

Dr. Sonja Beeck, geboren 1965, ist Architektin und Szenografin. Sie lehrte unter anderem an den Universitäten Innsbruck und Kassel. Als geschäftsführende Gesellschafterin der chezweitz GmbH in Berlin realisiert sie nationale und internationale Ausstellungen. Sie begleitet mit ihrem Büro dieses Projekt der Evangelischen Kirche in Mitteldeutschland (EKM) seit 2015.

Elke Bergt ist Diplom-Ingenieurin und Architektin sowie Leiterin des Baureferats der EKM. Sie engagiert sich für den Erhalt denkmalgeschützter Kirchen und entwickelt innovative Konzepte zur Nutzung und Pflege kirchlicher Gebäude in einer sich wandelnden Gesellschaft.

Martin Bischoff ist ein Netzwerker wie er im Buche steht und gebürtiger Ellricher, der aber lange Jahre fern der Heimat lebte. Seit 2012 ist er in der Funktion des Vorsitzenden im Kirchbauverein Ellrich wesentlicher Antreiber für den Umbau der Kirche zur Netzwerkkirche und den Aufbau der beiden Türme von Ellrich.

Prof. Dr. Thomas Erne studierte evangelische Theologie und Schulmusik in Tübingen und Stuttgart. Nach seiner jahrelangen Tätigkeit als Gemeindepfarrer in Köngen habilitierte sich Erne 2002 mit einer Arbeit über den Philosophen Hans Blumenberg. Bis 2022 war er Professor für Praktische Theologie an der Universität Marburg und Leiter des EKD-Instituts für Kirchenbau und kirchliche Kunst.

Prof. Dr. Karl Heinz Hörning, geboren 1938 in Heidelberg, ist Soziologe und Experte für Kultur- und Techniksoziologie. Nach seiner Promotion und Habilitation lehrte er unter anderem an der RWTH Aachen. Er prägte die Theorie sozialer Praktiken und erforschte die Macht der Dinge im Alltag.

Prof. Dr. Hans Joas ist ein renommierter deutscher Soziologe und Sozialphilosoph. Er ist nach Professuren in Erlangen, an der Freien Universität Berlin und in Erfurt und neben regelmäßiger Lehrtätigkeit an der University of Chicago seit 2014 Ernst-Troeltsch-Honorarprofessor an der Humboldt-Universität zu Berlin und bekannt für seine Arbeiten zur Religionssoziologie und Sozialtheorie. Seine Forschung konzentriert sich in den letzten Jahren auf die Globalgeschichte des moralischen Universalismus (dazu 2025 das Buch *Universalismus. Weltherrschaft und Menschheitsethos*).

Friedrich Kramer, geboren 1964 in Greifswald, ist seit 2019 Landesbischof der EKM. Nach seinem Theologiestudium war er Pfarrer und Direktor der Evangelischen Akademie Sachsen-Anhalt. Er ist Friedensbeauftragter der EKD.

Hannes Langguth ist Architekt und Stadtforscher und lebt in Berlin und Hamburg. Gegenwärtig ist er Vertretungsprofessor für Stadt- und Quartiersentwicklung an der HafenCity Universität Hamburg. Gemeinsam mit seinem Büropartner Sebastian Latz (studio etcetera, Berlin) und zahlreichen anderen Projektpartnern sowie der EKM hat er seit 2017 das Projekt Her(r)bergskirchen im Thüringer Wald maßgebend entwickelt.

Dr. Kerstin Menzel ist Vertretungsprofessorin für Praktische Theologie in Halle und war ab 2020 bei der Forschungsgruppe „Sakralraumtransformation" als Mitarbeiterin im Teilprojekt 2 in Leipzig sowie als Koordinatorin mit an Bord. Sie arbeitet zu Themen wie der Öffentlichkeit der Kirche und des Gottesdienstes, der Entwicklung des Pfarrberufs und der Kirche in ländlichen Räumen.

Prof. Dr. Claudia Neu, geboren 1967, ist Soziologin und Expertin für ländliche Räume. Seit 2016 leitet sie den Lehrstuhl für Soziologie ländlicher Räume an den Universitäten Göttingen und Kassel. Ihre Forschung umfasst Demografie, Daseinsvorsorge und Zivilgesellschaft.

Aline Ott ist Referentin für Erprobungsräume in der EKM und betreute bis 2024 die Modellkirchen. Daneben ist sie Promovendin im Neuen Testament und befasst sich mit feministischer Theologie sowie intersektionaler Exegese.

Jana Petri, Pfarrerin, arbeitet als Projektleiterin der Erprobungsräume und Referentin für Gemeindeentwicklung im Landeskirchenamt der EKM. Vorher war sie Gemeindepfarrerin in Roßdorf und Superintendentin im Kirchenkreis Henneberger Land in Suhl.

Dr.-Ing. habil. Barbara Perlich-Nitz ist im Landeskirchenamt der EKM zuständig für die Entwicklung von Gebäudekonzeptionen. Ursprünglich kommt sie aus dem Bereich der historischen Bauforschung und Denkmalpflege und hängt deswegen selbst an den Kirchengebäuden.

Prof. Dr. Detlef Pollack ist ein deutscher Religions- und Kultursoziologe. Er ist Seniorprofessor am Institut für Soziologie der Universität Münster und forscht zu Religion und Moderne sowie politischer Kultur. Seine Arbeiten umfassen Säkularisierungstheorien und den Wandel religiöser Praktiken.

Ulrike Rothe war Projektleiterin bei der Internationalen Bauausstellung (IBA) in Brandenburg, Thüringen und in der Impulsregion Leipzig. Sie engagiert sich für innovative Ansätze in der Stadt- und Regionalentwicklung und hat an Projekten wie „STADTLAND:Kirche" in Thüringen mitgewirkt. Ihre Arbeit fördert nachhaltige und kreative Baukultur.

Vera Teunen und ihr Mann **Hilbert** kommen ursprünglich aus den Niederlanden. Vera ist Bildhauerin und Hilbert Tischler. Sie arbeiten zusammen. Mit ihren Kindern leben sie in einem alten Bauernhaus und fertigen in ihrer Werkstatt nicht nur fulminante Bienenskulpturen, sondern nehmen auch Tischlereiaufträge in einem breiten Spektrum an.

Andree Volkmann ist ein vielseitiger Künstler, Illustrator und Szenograf. Er gestaltet Bühnebilder, Wandinstallationen und textile Kunstwerke. Sein Werk umfasst unter anderem die umfassende Gestaltung des Themenraums „Hall of Fame" im Jüdischen Museum Berlin. Seit 2012 unterrichtet er an der Frankfurter Akademie für Kommunikation und Design. Er lebt und arbeitet in Berlin.

Jürgen Willinghöfer studierte Germanistik und Philosophie in Freiburg und Berlin. Nach langjähriger Tätigkeit als freier Journalist und als Pressesprecher für die IBA Stadtumbau Sachsen-Anhalt arbeitet er seit 2012 für das Ausstellungsbüro chezweitz in Berlin im Bereich Konzept- und Projektentwicklung. Er moderierte unter anderem den Kirchbautag 2018 in Erfurt.

IMPRESSUM

Herausgeber: Jürgen Willinghöfer
Idee und Konzept: chezweitz GmbH, Berlin: Dr. Sonja Beeck
Projektmanagement und Konzeption Comics: Susanne Schmidt
Lektorat: Katharina Freisinger
Gestaltung und Satz: chezweitz GmbH, Berlin: Claudia Besuch, Carlotta Markötter
Lithografie: Martin Esche
Illustration und Konzeption Comics: Andree Volkmann
Projektmanagement Verlag: jovis Verlag, Berlin: Theresa Hartherz, Regina Herr
Produktion Verlag: jovis Verlag, Berlin: Susanne Rösler
Schrift: Quasimoda von lettersoup (Botio Nikoltchev)
Druck und Bindung: Gutenberg Beuys Feindruckerei, Langenhagen

Gedruckt in der Europäischen Union
Bei Fragen zur allgemeinen Produktsicherheit kontaktieren Sie bitte productsafety@degruyterbrill.com.

Aus Gründen der besseren Lesbarkeit wurde in diesem Band auf die gleichzeitige Verwendung der Sprachformen männlich, weiblich und divers (m/w/d) verzichtet. Sämtliche Personenbezeichnungen gelten jedoch gleichermaßen für alle Geschlechter.

Bibliografische Information der Deutschen Nationalbibliothek: Die Deutsche Nationalbibliothek verzeichnet diese Publikation in der Deutschen Nationalbibliografie; detaillierte bibliografische Daten sind im Internet über http://dnb.d-nb.de abrufbar.

jovis Verlag
Genthiner Straße 13
10785 Berlin
www.jovis.de

jovis-Bücher sind weltweit im ausgewählten Buchhandel erhältlich.
Informationen zu unserem internationalen Vertrieb erhalten Sie in Ihrer Buchhandlung oder unter www.jovis.de.

ISBN 978-3-98612-203-4 (Softcover)
ISBN 978-3-98612-204-1 (E-Book)